KB203018

전지적 셀장 시점

청년, 대학생, 다음 세대를 위한
새로운 셀장 시스템

주현재 지음

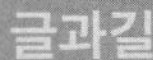

추천사

한국 교회, 목회자, 교인들이 한국 교회와 다음 세대의 미래를 걱정한다. 걱정만으로 다음 세대 미래가 밝아지지 않는다. 걱정을 지나 문제에 고민하고 도전해야 한다.

목회자들은 입만 열면 다음 세대! 다음 세대가 큰일 났다, 중요하다고 말한다. 하지만 걱정만 한 아름 안고 있다는 생각이 든다. 주현재 형제는 그 고민에 해답을 찾아 나섰다. 바로 《전지적 셀장 시점》 책이다. 부제인 〈청년, 대학생, 다음 세대를 위한 새로운 셀장 시스템〉에서 알 수 있듯이 다음 세대를 위한 고민과 아픔 그리고 희망을 담은 셀장 시스템 책이다.

이 책은 이론서가 아니다. 실제 지침서다. 그렇다고 이론이 약한

게 아니다. 이론을 바탕으로 셀장의 역할, 어떤 셀장이 되어야 하는가, 그리고 셀장의 중요함을 역설한다.

이 책, 《전지적 셀장 시점》은 다음 세대를 지도하는 목회자는 물론, 교회에서 셀 리더로 섬기는 청년 리더에게 큰 도움이 될 것이라 확신한다.

행복한 것은 저자가 30세도 안 된 청년이란 것이다. 젊은 청년이 자신의 고민을 책으로 엮어냈다는 것이 한국 교회의 축복이다. 주현재 형제가 젊은이 시각으로 본 셀과 셀장 그리고 셀의 리더십에 이 책이 작은 등불이 될 것이다.

김도인 목사 | 아트설교연구원 대표

세상에는 세 종류의 인생이 있다. 첫째, 생존을 목적으로 사는 인생이다. 이 사람들은 오로지 먹고 사는 것에만 관심이 집중돼 있다. 지극히 본능적인 삶으로 모든 것이 그 수준에 머문다. 둘째, 성공을 목적으로 사는 인생이다. 이들은 생존을 목적으로 사는 인생보다 한 단계 업그레이드된 사람이다. 본능적인 삶을 뛰어넘어 세상에서 무엇인가 족적을 남기고 싶어 한다. 셋째, 사명을 목적으로 사는 인생이다. 사명은 돈으로 살 수 있는 것이 아니다. 사명을 목적으로 살아가는 사람은 다른 수준의 삶을 산다. 이들 가운데 생계가 문제인 사람도 있다. 그렇다고 먹고 사는 것에 목숨을 걸지 않는다. 주어진 사명에 목숨을 건다. 또한 이들 중에는 성공한 사람도 있다. 하지만 성공 자체를 누리기보다 그것을 통해 감당해야 할 사명을 완수하기 위해 최선을 다한다. 여기 사명을 목적으로 사는 한 청년이 있다. 주현재 형제다. 주현재 형제는 물리치료사로 대학원 공부를 하면서 셀장의 사명을 감당했다. 열정과 마음을 다해 셀원들을 섬겼고 자신만의 경험과 노하우를 이 책에 소개하고 있다. 과장되지 않게 솔직하게 있는 그대로 이야기하고 있다. 셀장은 목회자가 아니다. 그럼에도 영혼을 맡은 사명자이다. 사명을 위해 살아야 한다. '어떻게 사명을 위해 살아야 할 것인가?'가 이 책에 담겨 있다. 이 책은 셀장을 비롯한 사명을 목적으로 살기 원하는 사람들에게 좋은 나침반이 될 것이다.

이재영 목사 | 데코룸 연구소 소장

21년간 청년 사역을 하면서 가장 큰 핵심을 셀(소그룹) 모임에 두고 사역을 했다. 셀(소그룹)이 건강하면 공동체가 건강하고 단단하게 세워지기 때문이다. 그만큼 셀(소그룹)의 가치는 대단하다. 더욱이 인구절벽시대, 청년절벽시대를 살아가는 이때에 건강하게 세워진 셀(소그룹)이 더 중요하고 필요하다.

건강한 셀(소그룹)은 진정한 교제와 사귐, 그리고 또래 안에서 서로 나누게 되는 정서적 공감을 통해 이 시대의 청년들을 회복시키고 치유하게 할 것이다. 셀(소그룹)이 얼마나 중요한 지 알기 때문에 지금까지 청년 전문사역자들과 소그룹 전문가에 의해 많은 책들이 출간되었고, 이를 통해 한국교회 청년 셀(소그룹)이 든든히 세워졌고, 셀 리더 훈련교재로 잘 활용되었다.

이 책 《전지적 셀장 시점》은 아주 특별하다. 목회자의 관점에서 본 셀(소그룹)이 아니라 현장에서 셀 리더를 경험했고 계속 리더의 자리를 지키고 있는 청년에 의해 쓰여졌기에 그렇다.

자신이 셀 리더로 섬기면서 느꼈던 셀과 소그룹 모임의 중요성, 셀 리더들이 주의해야 할 점, 시간활용과 재정활용, 그리고 신앙생활에 대한 전반적인 것들을 청년 셀 리더의 관점으로 썼다.

이 책은 저자가 같은 시대를 살아가는 청년들에게 하나님의 백성으로 다시 거듭나길 바라는 간절한 마음으로 예언자의 마음으로 쓴 책이다.

나는 소그룹 전문서적도 중요하지만, 현장에서 뛰면서 좌충우돌 겪었던 청년 셀 리더의 생생한 이야기로 꾸며진 이 책이 모든 청년들에게 읽히길 바란다. 특히 청년사역자들과 셀 리더들, 예비 셀 리더들과 함께 읽으면서 서로의 생각을 나누고 건강하고 활력 있는 셀(소그룹)이 세워지길 소망한다.

박도준 목사 | 춘천 성시 청년 아카데미 지도위원, 하늘뜻 이룸교회 담임

프롤로그

쇠퇴하는 다음 세대, 이대로 괜찮은가?

무종교인 87%가 교회를 바라보는 시각입니다. '한국 교회는 세상과 소통 준비 안 돼 있어' 이는 2023년 2월 16일 기독교윤리실천운동본부에서 발표한 '한국 교회의 사회적 신뢰도 여론조사'에서 나타난 결과입니다. 사람과 사람 사이에서 소통하지 않음은 여러 문제와 오해를 사게 되어 관계의 위기를 가져옵니다.

교회는 다음 세대가 늘 중요하다고 이야기하지만, 사실 큰 관심이 없습니다.

"하나님이 세상을 이처럼 사랑하사 독생자를 주셨으니 이는 그를 믿는 자마다 멸망치 않고 영생을 얻게 하려 하심이라"(요 3:16)

하나님도 하나뿐인 아들 예수님을 세상에 보내실 만큼 세상을 사랑하시고 그 누구보다 관심이 많으신 분이심을 알 수 있습니다. 그러나 '사랑의 반대말은 무관심'이라는 말이 있듯이 사랑이 없으면 무관심하며 관심이 없으면 소통이 끊어지게 되고 이는 관계가 나빠지는 결말을 가져옵니다.

현재 한국 교회는 세상과 다음 세대 모두를 사랑하지 않고 무관심으로 인해 세상과 다음 세대와의 소통이 끊어져 다음 세대가 계속 줄어가는 위기에 처했습니다. 다른 책에서는 다음 세대가 아예 '셧다운'되었다고 말합니다.

한국 교회의 다음 세대가 줄어가는 것은 통계를 통해서도 알 수 있습니다. 2016년 한 조사에 따르면 교회학교는 반 토막이 나버렸으며 청소년 복음화율은 3.8%라는 결과도 있습니다. 2022년 12월 20일 발표에서는 최근 10년 사이 교회 학교의 학생 수가 40% 가까이 줄었으며 2021년 대한예수장로회 통합 측 조사에 의하면 다음 세대와 세례교인은 줄었고 사역자만 늘었다고 합니다. 어떤 사람들은 우리나라의 개신교 청년들이 이젠 미전도 종족에 속한다고 합니다.

여기서 미전도 종족이란 복음화율이 3% 미만일 때 사용하는 말입니다. 코로나19가 지난 이후 교회에 출석하는 청년은 1.5%라고 하는데 군부대에서는 교회를 다니다가 입대한 청년이 1% 전후라는 충격적인 소식이 들린다고 합니다. 청년들 100명 중 1명만 교회를 다니다가 입대한다는 이야기인데 교회 다니는 청년이 1.5%라는 말은 틀린 말이 아님을 알 수 있습니다.

위기를 맞이한 다음 세대를 위한 새로운 방안이 절박합니다. 만약 새롭고 효과적인 방안을 만들어 낼 수 없다면 한국 교회는 다음 세대를 기대할 수 없습니다. 그리고 더 이상 다음 세대를 기대할 수 없다면 현세대 또한 안전을 보장할 수 없을 것입니다.

세상과의 소통만 중요한가?

물론 다음 세대를 위한 세상과의 소통은 필요합니다. 그리고 기존에 있는 사람들과의 소통은 더 말할 것도 없이 당연히 필요하다고 봅니다. 현재 한국 교회의 대학생과 청년들은 팬데믹 이전에도 그랬던 것처럼 친분이 있는 사람들끼리 모여 교제하는 분위기가 너무 많이 형성되어 있습니다.

그로 인해 공동체 내에 무리가 형성되고 사이가 좋지 않거나 마음에 들지 않는 사람들을 향한 서로의 비난과 뒷담화가 오가며 결국 오해와 상처로 이어지고 이는 공동체 분열로 인해 몇몇 청년들이 교회를 떠나는 참담한 결과로 이어졌습니다.

더 나아가 그룹에 속하지 못한 사람들은 예배 시작 전 혼자 있어야 하고, 예배가 끝난 뒤 서로 간의 약속이 있어 다들 나가지만, 정작 본인만 혼자 남게 되는 상황이 너무나도 싫어 아예 교회를 오지 않거나 부서 예배를 포기하고 본 예배만 참석하는 결과를 낳게 되었습니다.

만약 팬데믹 이전에 서로 사랑하고 소통하는 분위기였다면 팬데믹 이후 전부는 아니지만 어느 정도의 인원은 교회에 출석했을 것입니다. 서로 사랑하지 못함으로 인하여 교회에 남아있고 출석하는 인원들마저 교회를 떠난 것이 아닌가 싶습니다.

코로나로 인한 팬데믹이 시작되기 전 어떤 교회 건물 내부에 '학부모들의 자랑스럽고 아름다운 자녀들을 제발 교회로 보내주세요'라는 현수막을 내걸었던 것을 봤습니다. 저는 그것을 보고 '저 교회는 서로를 향한 비난과 험담 때문에 자녀가 속한 부서의 내부 분열이 얼마나 심했으면 저럴까? 그동안 자녀들이 얼마나 많이 상처받았으며 부모들은 그러한 모습들을 얼마동안이나 봐왔을까?'라는 생각에 한숨과 아쉬움만 남았습니다.

또 하나의 일화로 제가 담당했던 셀원들 중 아무도 챙겨주는 사람이 없었지만, 꾸준히 교회에 잘 참석하는 셀원이 한 명 있었습니다. 그 모습을 보고 셀장이었던 저는 1 대 1로 셀 모임을 하면서 식사하던 중 "다들 아무도 챙겨주지도 않는데 외롭거나 힘들지 않니? 계속 교회에 꾸준히 나오는 이유가 있니?"라고 물은 적이 있습니다.

그 셀원은 "사람들이 챙겨주고 안 챙겨주고는 딱히 상관없어요.

교회를 계속 꾸준히 나오는 이유는 하나님을 더 알기 원하기 때문입니다."라고 대답했습니다. 그 대답을 들은 저는 '같은 셀이 되기 전부터 진작 잘 챙겨줄걸'라는 생각이 들면서 한동안 그 셀원에게 얼마나 고맙고 미안했는지 모릅니다.

한국 교회는 세상과의 소통도 없지만 공동체 속에서 서로 소통도 부족한 상태입니다. 세상을 사랑하고 관심을 가지며 소통하기 전에 공동체 내에 있는 사람들을 우선으로 먼저 사랑하고 관심을 가지며 소통해야 하지 않을까요? 그렇지 않다면 어떠한 프로그램과 이벤트 및 행사를 준비한다고 해도 공동체는 살아 나갈 수 없습니다. 분열이 시작되었거나 이미 분열되고 관계들이 망가졌기에 밑 빠진 독에 물 붓기와 다를 게 없습니다.

교회가 세상을 향해 복음과 사랑을 외친다고 가정할 때 세상이 교회에게 '너희끼리 먼저 복음을 알고 사랑을 한 뒤에 우리에게 복음과 사랑을 전해라!'고 말한다면 정말 입이 열 개라고 해도 할 말이 없다고 봅니다.

현시대가 교회가 세상을 걱정하는 시대가 아닌 세상이 교회를 걱정하는 시대가 된 주된 원인 중 하나는 한국 교회가 서로 소통하지 않고 무관심하며 서로 사랑하지 않는다는 것입니다. 서로 사랑하지 않는 교회를 가고 싶어 하는 사람들이 얼마나 있을까요? 저라도 가기 싫을 거 같습니다.

셀장과 리더들의 체계는 괜찮은가?

성도의 수가 1만 명 이상이거나 대학생과 청년의 수가 100~200명이 넘어가는 큰 교회의 경우 하나님께 받은 사명과 비전을 찾아가며 세상 속에서도 열심히 성실하게 활동하는 청년들이 많습니다. 그리고 그러한 교회는 청년들과 대학생들을 위한 체계가 매우 잘 갖춰져 있으며 셀장과 리더들에 대한 매뉴얼과 규칙 또한 잘 정해져 있습니다.

청년이 100명 이하인 교회에는 이러한 체계가 잘 갖춰져 있는지는 알 수 없었습니다. 그리고 셀장 매뉴얼 또한 볼 수 있는 교회가 그리 많지 않았으며 설사 매뉴얼이 있다고 해도 세부적이지 못한 경우도 있었습니다. 일단 제가 다니는 교회는 셀장에 대한 매뉴얼과 규칙이 있긴 했지만 회칙의 한 문단이 전부일 정도로 너무 두루뭉실하고 세부적이지 못했습니다.

한국 교회의 상황은 어떠한가?

현재 한국 교회의 상황은 어떠하며 어떻게 변해야 할까요?

《그래도 너는 아름다운 청년이다》라는 책의 내용입니다.

20대 후반의 청년이 상담을 요청했다. 6년간 다니던 교회가 어려워져서 교인의 절반이 떠났단다. 이 청년도 다른 교회로 옮기게 되었다. 그런데 문제는 예배에는 충만한 은혜가 있는데 소그룹은 냉랭하다 못해 세상적이기까지 했다. '다시 옮겨야 하는가?' 갈등하는 청년에게 대답했다.

"오늘날 한국 교회의 안타까운 현실입니다. 다만 교회를 옮기는 것이 꼭 정답은 아니라고 생각합니다. 그러나 주님의 인도하심이 있다면 해야 하겠죠. 기도하고 결정하십시오 다만 당신 자신이 그런 온전한 공동체를 세워갈 수 있는 영성과 실력과 리더십을 갖추기 위해 준비하십시오"

속 시원한 정답을 원하던 사람들에게는 기도하고 결정하라는 말이 목사의 책임 회피로 들릴지도 모른다. 그러나 기도와 말씀만이 정도(正道)다.

그리고 또 하나, 당신 자신이 정답 없는 세상에 정답이 되어야 한다. 지금 당장 정답이 없다면 그 정답은 정성껏 만들어 가야 한다. 이것이 크리스천의 사명이다.

저는 이 글에 전적으로 동의하며 큰 감명을 받았습니다. 따뜻한 분위기라하며 무리지어 모이고 예수님에 대한 이야기와 신앙적인 대화를 찾아보기 어려운 냉랭하고 세상적인 대학, 청년부 소그룹이 한국교회의 안타까운 현실임을 크게 공감합니다.

저 또한 대학생 시절에 CCC를 제외하고는 교회에서 신앙적인 대화를 나눈 시간이 그리 많지 않았습니다. 있다고 해봐야 고작 수련회가 전부였습니다. 지금의 수련회 또한 나눔의 시간도 적고 수련회가 끝나면 은혜를 전부 잊어버리거나 이제는 그러한 감동조차 없어 수련회에 대한 기대는 거의 하지 않습니다.

이러한 안타까운 현실 속에서 다른 교회를 찾는 것도 좋은 방법이라 생각하지만 혹여 교회에 남아있어야 하는 상황이시라면 그냥 물 흘러가듯이 지나가는 것이 아니라 '어떤 문제가 있고, 어떤 어려움이 있으며 어떻게 바로잡고 바꿔나가야 하는가?'를 끊임없이 고민하고 연구해나가며 하나님과 교제하면서 열심히 하되 결과는 하나님께 맡기는 믿음이 필요합니다. 그리고 이러한 과정을 거쳐 가면서 청년들은 미래에 온전한 교회 공동체 혹은 세상에서 온전하고 바른 조직(회사, 센터)을 세워나가기 위해 영성과 실력, 리더십을 배워나가는 것이 명확한 길이자 정답이라고 말씀드리고 싶습니다.

그리고 한국 교회 공동체는 이러한 과정을 거쳐 가며 신앙적인 이야기를 비롯한 많은 이야기들을 나누며 개인의 삶과 신앙생활에서 기쁨과 행복을 함께하고, 아픔과 슬픔을 서로 보듬어주면서 서로의 상처를 감싸고 싸매어 주는 공동체, 내 길만 비추는 것 보다는 누군가의 길을 비춰줌으로 함께 성숙하고 온전해지며 더 건강해지는 공동체가 되어가야 합니다.

셀장의 시스템은 어떠해야 하는가?

제가 셀장으로 섬긴 지 약 2년째 되던 2022년 초반 직장생활을 시작한 지 1년이 못 되던 시기에 대학생 시절 CCC에서 순장님들께 받았던 관심과 사랑 그리고 순장이 되어 순원들을 만나 양육하고 섬겼던 방법들이 교회에서의 셀장, 혹은 리더들에게 적용이 된다면 참 효과적일 것이라는 생각을 하게 되었습니다.

여기서 'CCC'란 'Korea Campus Crusade for Christ'의 약자로 '한국 대학생 선교회'를 뜻하며 소개하면 다음과 같습니다.

3중 목적: 전도(Win), 육성(Build), 파송(Send)

3중 헌신: 주님께 헌신, 민족의 입체적 구원에의 헌신, 형제들에의 헌신

4대 절대: 절대 신앙, 절대 헌신, 절대 훈련, 절대 행동

5대 강령: 말씀, 기도, 전도, 사랑, 협심

표어: 오늘의 학원 복음화는 내일의 세계 복음화!

CCC는 하나님과의 교제와 청년의 시기를 올바르게 보내는 방법을 알고 있고, 전도와 제자화에 대한 불같은 열정이 있으며, 순원을 향한 순장의 사랑이 매우 큰 공동체입니다.

CCC에서는 교회 공동체와 다르게 대부분 간사님과 소수 또는

다수의 순장이 순원들을 상황과 시기에 따라 나누어 맡아 양육하고 교육했습니다. 적게는 한 명의 순장이 1~2명의 순원들을 양육했고 많게는 한 명의 순장이 5명까지 순원을 양육하며 간사님의 경우 많은 순원 양육은 물론 순장들을 교육하고 돌보는 시스템으로 흘러갔기에 순원들이 많아도 서로 부담을 덜고 일을 분담할 수 있습니다.

그러나 제가 섬기는 교회는 달랐습니다. 셀장 한 명이 적게는 6명 많게는 10명의 셀원을 돌봐야 했습니다. 더군다나 교회는 셀장의 업무와 섬김의 방법에 관해 정확하고 세심하게 정해진 부분들이 거의 없었습니다. 시스템은 뭐 말할 것도 없었습니다.

셀장으로 섬겼던 시기의 상황을 말씀드리자면 셀 단톡방을 만들어 공지하거나, 주말마다 인원 및 출석 체크와 20분가량 일상 이야기 나눔 인도, 한 학기에 한 번 있는 셀 단체 모임 인도가 전부였습니다.

그래서 '셀장은 아무나 쉽게 할 수 있고, 해야 할 일도 거의 없으며 자리만 채우는 것이다.'라는 인식이 생겼으며 셀장에 대한 무게감은 너무나도 가벼워졌습니다.

앞서 말한 것처럼 교회는 한 명의 셀장이 많은 인원을 돌봐야 하는 상황이라 이는 쉽지 않다는 것을 잘 알고 있습니다. 하지만 다음 세대가 줄어가는 어려운 상황에서 셀장의 섬김이 어려워 보인다고 안 할 수는 없으며, 이 상태로 계속 진행되면 셀 안에서 서로 하나

되기보다 친한 사람들끼리 교제하는 분위기로 무리가 형성되고 남은 인원들과 소통이 끊어지게 됩니다.

이는 공동체 속에서 하나가 될 수 없는 것은 둘째 치고 남아있는 인원들마저 교회를 떠날 수도 있을 것이기에 기존의 셀 운영 방식과 셀장의 업무 및 섬김 방식은 철저하고 세밀하게 바뀌어야 하며 셀장의 책임은 더욱 무거워야 한다고 생각했습니다.

셀장의 섬김 시스템과 방법은 어떻게 바꼈는가?

2020년에 코로나19가 시작되고 교회는 대면 예배를 드리지 못하는 어려움을 겪었습니다. 대면 예배는 물론 셀 모임도 최소화되고 셀원들을 밖에서 만나 식사하며 교제하는 일은 상상하지 못했습니다.

코로나 팬데믹 시기가 포함된 약 2년의 시간동안 기존의 셀 방식대로 운영해 봤지만 제가 섬기는 부서가 조금씩 쇠퇴해 가는 모습을 보았습니다. 그로 인해 'CCC에서 배웠던 섬김 방식을 참고하여 셀장으로 섬기면 어떨까?' 라고 생각하면서, 코로나 감염 확산이 줄어들면서 코로나에 대한 경각심이 조금씩 풀어지던 2022년 한 해 동안 본격적으로 기존의 방식보다는 다른 방식과 개인 시간과 사비로 셀장으로 섬기게 되었습니다.

제가 셀장으로 섬긴 셀은 1 대 1 면담으로 시작해 1 대 2~3 면담,

그룹 만남, 셀 아웃팅, 전체 만남까지 공식적인 셀 모임 24번과 비공식적인 셀 모임 10번, 총 34번의 셀 모임을 진행했습니다. 이는 이전의 셀 활동에 비해 최고 많은 활동이었습니다.

코로나 이후 모임과 만남이 이전처럼 쉽게 되지 않을 것과 점점 더 무리를 지어 교제하는 분위기 속에서 교회와 예수님, 성경 이야기 나눔 및 큐티가 사라지고 그냥 친목도모만 하는 상황이 될 것을 우려하며 '서로 좋아하는 사람들끼리 모여 교제하고 다른 사람은 소외되는 세상에서는 개인주의가 문제 되지 않으나 교회는 세상과 달라야 한다'라는 생각에 더 많은 모임과 함께하는 시간 그리고 나눔을 진행했습니다.

1년간 셀장으로 섬기는데 사용된 비용은 약 250만 원 이상이었습니다. 이 중 교회의 재정 지원은 40만 원, 사비로는 약 210만 원 이상의 비용이 들었지만, 당시 저는 직장인으로 매월 받는 월급이 고정적이고 넉넉한 편이었고, 시간은 주말 저녁만 활용할 수 있었지만, 셀원들이 대부분 대학생이었기에 저녁에만 되던 터라 재정 사용과 시간 활용, 만남에는 크게 문제가 되지 않았습니다.

공동체와 셀에 변화가 있는가?

안타깝게도 변화는 없었습니다. 그 이유는 개인 비용, 시간, 마음을 다해서 섬겼다고 해도 진행한 섬김의 방식이 처음 시도한 것이라 공동체와 저를 포함한 셀원들 또한 경험하고, 받아들이고, 적응하는 데 힘들었을 것이며 기존에 진행했던 방식에 비해 너무나도 다른 방법으로 최선을 다해 진행한 탓에 따라오는 셀원에게도 부담이었을 것입니다.

결정적으로 다음 셀장을 위한 준비를 하지 못했습니다. 제가 섬기는 교회는 20세부터 26세까지 대학부, 27세부터 결혼 전까지는 청년부로 소속됩니다.

회칙상 26세까지만 대학부에 소속될 수 있었고, 27세부터는 청년부로 소속이 바뀌기에 저 또한 2022년에는 26세로 대학부 소속이었으나 2023년부터 청년부로 소속이 바뀐 터라 다음 셀장을 위한 교육을 하지 못한 부분이 가장 큰 아쉬움으로 남았습니다. 아마 대학부에 남아 다음 셀장을 위한 교육을 진행하고 각 셀장마다 점검했다면 조금이라도 변화가 있진 않았을까 생각합니다.

그러나 이전 부서에 계속 미련이 남아 내려놓지 못하고 떠나지 못하는 것은 다른 부서에 대한 월권으로 공동체 속에서 그리 좋지 않은 행동임을 알기에 매우 아쉬웠지만 다음부터는 후배들이 스스로 이끌어 가도록 내려놓았습니다.

변화가 없어서 좀 실망스럽긴 했지만 《그래도 너는 아름다운 청년이다》, 《청년아 울더라도 뿌려야 한다》, 《랜디 알콘의 기빙》, 《밥 버포드, 피터 드러커에게 인생 경영 수업을 받다》 등 여러 책을 읽고 어떤 결과가 있어도 하나님께서는 저의 섬김과 헌신을 받으셨다는 것을 확신하였으며, 이후 다른 부서에서 다시 셀장을 맡을 계획과 준비를 철저히 하고 '2022년보다 더 잘하리라'라고 결심했습니다.

그리고 주변에서 저의 활동을 바라본 사람들의 긍정적인 평가와 셀장 활동이 끝날 때 "현재야 네가 6명만 있으면 대학부 부서는 걱정 없을 거다. 아주 잘해줬다."라는 당시 부장 집사님의 칭찬을 통해 당장 달라지는 것은 없어도 셀원들을 통해 확실히 씨앗을 뿌렸고 이후 열매를 거두는 것은 셀원들의 몫이며 열매를 거두게 해주시는 분은 하나님이심을 다시 한번 깨닫게 되었습니다.

책을 쓰게 된 계기와 책의 구성

교회 내 분위기와 셀장의 섬김에 대한 방법과 시스템이 분명하지 않아서 어떤 활동을 하더라도 활성화와 단합이 잘되지 않으며, 그로 인해 친한 사람들끼리 모여 교제하는 분위기가 되어 인원이 점점 줄어가는 부서를 바라볼 때 생기는 안타까운 마음과 이대로 계속 가다간 다음 세대가 사라질 수도 있다는 걱정이 되었습니다.

더 나아가 제가 섬기던 교회뿐만 아니라 주위에 많은 교회 또한 다음 세대와 청년들을 걱정한다는 사실을 알게 되었고, 다년간 셀장으로 섬긴 기간 중 하나님께서 주신 재정과 시간을 활용하여 최선을 다해 열심히 섬긴 2022년의 경험과 프로그램, 이야기, 그리고 책을 읽고 공부한 내용을 그냥 두기 너무나도 아쉬워 나눠보고자 하는 마음과 하나님께서 저에게 허락하신 달란트로 여러 교회에서 셀장 혹은 리더 역할을 맡고 계신 분들과 빠르게 변하고 있는 시대 속에서 청년들로 인해 고민하는 교회들을 위해 조금이나마 도움이 되고자 책을 쓰게 되었습니다.

이 책은 셀과 소그룹 모임의 중요성, 셀 모임의 활동(프로그램), 대학생을 기준으로 셀 모임의 시기별 분류, 셀장들이 주의해야 할 점, 셀장의 시간과 재정 활용법, 신앙생활과 마음가짐 및 행동, 청년의 때는 어떻게 보내야 하는지에 대한 내용들이 실려 있습니다.

감사 인사

책을 쓰면서 셀장으로 섬김의 시기뿐만 아니라 그동안의 삶을 돌아보며 어떻게 비전과 사명을 찾게 되었는지를 쭉 둘러보게 되었고 그러던 중 제 삶에서 정말 좋은 분들이 많았다는 사실에 참으로 감사했습니다. 그로 인해 지금 이 기회를 통하여 여러 많은 분들께 감사 인사를 드리고 싶습니다. 먼저 열정적으로 섬겼던 2022년을 기존의 방식과 달라 부담스러울 수 있었으나 잘 따라와 준 셀원들에게 감사합니다. 그리고 셀장으로 섬기던 시절 많은 조언과 문제점 및 오류 사항을 이야기 해주시고 늘 격려해 주시며 칭찬해 주신 목사님과 부장 집사님도 감사를 드립니다. 셀장으로 섬기는 데 사용되는 재정과 책 출간에 필요했던 비용을 마련할 수 있도록 넉넉한 월급을 지급해 주시고, 사회와 조직 생활에 잘 적응할 수 있도록 도와주시며 직장 속에서 하나님께서 허락하신 사명과 비전을 경험하고 바라볼 수 있었던 창원 행복한 요양병원과 관계자분들께도 감사의 마음을 전합니다. 이제 막 글을 쓰기 시작한 풋내기 작가인 저에게 청년의 시절을 잘 가꿔나가고 성숙할 수 있도록 도와주신 작가분들과 글쓴이들께 감사를 드립니다. 대학생 시기에 저의 담당 순장님으로 CCC에서 영적으로 사랑해 주시고 이끌어 주시고, 셀장으로 섬기는데 새로운 방안과 시스템을 만들 수 있도록 가장 큰 도움을 주신 창원지구 CCC 강동진 간사님께도 감사의 마음을 전합니다. 군 복무 시절 《평생감사》라는 책을 선물해 주셔서 책 읽기를 처음 시작하게 해주시고, 인스타그램에 감사 일기를 작성함으로 감사의 삶을 표현하며 살아갈 수 있게 해주신 현재 서울대 대학원에 재학 중인 박홍민 대위님도 감사드립니다. 책 코칭 교육을 통해 책을 출간하는데 자신감을 불어넣어 주시고 책 출간에 가장 큰 도움을 주시며 새내기 작가인 저를 응원해 주시고 격려해 주신 글과 길 출판사 대표님인 김도인 목사님께 감사를 표합니다.

목차

Chapter 1

셀과 소그룹의 중요성

전지적 셀장 시점

셀의 중요성

교회에는 많은 성도들이 계시며, 다들 각자의 시기와 상황 및 환경이 있을 것입니다. 그에 따른 필요와 고민, 기도 제목도 있을 것인데 이는 성도들마다 전부 다릅니다. 대부분의 교회에서는 한 사람 혹은 열 명도 안 되는 사역자들이 많은 성도의 이야기를 다 들어줄 수 없습니다. 즉 교회에서 목사님 한 분이 여러 성도 및 지체들을 돌보기가 정말 쉽지 않다는 이야기입니다.

교회마다 나름의 어려움이 있으며 목사님들의 사역과 그에 대한 고충 또한 정말 많습니다. 교회에서 해야 할 일들은 무엇이 있을까요?

목회와 사역, 시기마다 준비할 행사, 교단에 보고해야 하는 문서 업무, 시대의 흐름에 따른 동양, 브랜드에 대한 파악과 콘텐츠 제작, 최근의 이슈와 뉴스, 사회 및 지역 봉사, 복음 전도, 주변 이웃 섬김, 부서 활성화와 지역 복음화, 평일 세미나 등등 여기 나열된 일들 말고도 다른 많은 일들이 있습니다. 목사님들이 이 일들을 다 하면서 많은 성도까지 돌본다는 것은 거의 불가능에 가깝습니다.

이러한 상황에서 어려움과 부담을 나누고 일을 분배하기 위해 유년부, 초등부, 중등부, 고등부, 대학부, 청년부, 전도회, 장년부 등 여러 부서가 존재하고 부서 내의 그룹이나 셀이 필요합니다. 청년들의 그룹에서는 그룹을 셀이라고 하며(다른 교회에서는'가족', '크루'라고도 합니다), 셀 내에 속한 셀원들을 돌보며 올바른 영적 성장과 하나님과의 교제를 위해 셀장이 존재하는 것입니다.

여기서 셀장이란 교회 지체들 10명 이하 또는 10명 이상의 '셀' 또는 '가족', '크루'이라는 그룹에서의 리더로써 셀원들을 이끌고, 함께 먹고 교제하기를 힘쓰며, 돌보고 기도해 주는 것을 우선으로 힘쓰는 사람입니다.

소그룹 모임의 중요성

《밥 버포드 피터 드러커에게 인생 경영 수업을 받다》에서 이렇게 말합니다.

기업가 자질을 갖고 태어난 리더인 빌 하이벨스는 부유한 교외 마을을 집집마다 방문했다. 하루 여덟 시간 월요일부터 토요일까지 몇 달 동안 대문을 직접 두드리며 "교회를 열심히 다니십니까?" 라고 물었다. 집주인이 "예" 라고 답하면 그는 감사하다고 인사하고 옆집으로 건너갔다. 그러나 주인이 "아니오" 라고 대답하면 두 번째 질문을 이어갔다. "이유를 말씀해 주실 수 있습니까?" 대부분 집주인이 교회를 다니지 않는다고 답했고 그 중 거의 70%가 교회에 대한 분노와 실망을 표출했다. 빌 하이벨스는 그들의 응답을 정리했는데 두 가지가 두드러졌다.

첫째, 그들은 교회가 늘 돈을 요구하는게 불만이었고, 둘째, 그들은 교회에 대해 지루하고 반복적이며 진부하며, 교회에 "공감하지 못한다"라고 말하였다. 빌 하이벨스가 떠나기 전에 물었다. "이 동네에 돈을 밝히지 않고, 공감할 수 있는 문제에 대해 설교하고, 창의적이고 감동적이고 실천적이고 진실한 교회가 있다면 다니실 의향이 있습니까?" 여러 사람이 그런 교회가 있다면 다니겠다고 말하였다.

돈과 재정 관리에 대해서는 뒷부분에서 이야기를 나누겠습니다. 세상을 살아가면서 공감할 수 있는 질문들에 대해 나누기 위해서는 주일과 평일에 진행되는 소그룹 모임이 적합합니다.

그러나 주일에 교회 내에서는 알고 모르는 여러 많은 사람들이 많은 터라 일정과 상황, 환경과 서로 간의 신뢰에 따라 일상에서의 문제들을 쉽게 나눌 수 없으며, 많은 부분에서 자신의 솔직한 이야기를 깊이 나누기가 어려울 수 있습니다.

나눔에는 시간과 장소에 대한 제한이 없고 소수 인원이 모인 그룹이라면 충분히 문제점들이나 주제를 가지고 나눔을 할 수 있습니다. 미국 경영학자인 피터 드러커는 이렇게 말합니다.

"경영학을 교회에 적용하는 목적은 교회를 더욱 교회답게 하기 위한 것이지 교회를 기업으로 바꾸기 위해서가 아니다."

그는 이에 더해 목사들에게 '사명을 버리지 말라'라고 경고했습니다. 현시대 교회의 모습을 보면 기업화가 된 교회들이 생각보다 많으며 교회 정치로 크게 치우친 교회들도 있습니다. 물론 올바른 사명을 가지고 선한 방향으로 나아간다면 이는 잘못된 것이 아닐 수도 있습니다.

교회가 정치와 기업의 방향에서 선한 영향력을 끼치고 올바른 정책과 법을 주장하며 모두에게 올바르고 선한 기업을 만든다면 그 또한 좋은 것입니다. 하지만 그것이 목적이 되어버리면 안 됩니다. 만약 그것이 목적이 된다면 사명은 뒷전이 되고 교회가 정치의 방향으로 너무 치우치거나 기업화될 확률이 높습니다. 그러한 교회로 인해 불편을 느끼고 상처를 받아 성도들이 떠나가는 일 또한 있을 것입니다.

사명이 올바른 교회란 성도들과 세상 사람들의 필요를 이해하고 그들의 마음과 영혼을 보살필 줄 아는 교회입니다. 즉 편안함과 안위, 좋은 평판과 직위만을 위해 존재하는 조직의 성향을 따라가는 것이 아닌 섬겨야 할 사람들을 온전히 섬기고 돌보며 신앙적으로도 성숙하는 것뿐 아니라 그리스도의 제자가 될 수 있도록 양육하는 교회라는 이야기입니다.

이러한 교회가 되기 위해서는 다 같이 노력해야 합니다. 목사님들과 교역자님들은 목회를 비롯한 여러 일들 부분에서 충실해야겠죠. 하지만 방금 말씀드렸다시피 교회에는 목사님들과 교역자들만 계시는 곳이 아닙니다. 많은 성도가 있습니다.

성도들이 할 수 있는 일은 무엇일까요? 부서마다 소그룹을 만들어 함께 모이고 교제하며 나누고 돌보는 일에 힘쓰는 일입니다. 페리미터 교회의 랜디 포프 목사는 이렇게 말합니다.

"피터는 사람들에게 장기적인 변화를 일으키는 조직이 딱 두 개 있다고 말했다. 그것은 대형 교회와 익명의 알코올 중독자 모임(Alcoholics Anonymous)이다. AA의 성공 비결은 책임 있는 행동과 자격 있는 후원자였다. 이 말을 듣고 우리는 다섯 사람씩 작은 소그룹을 만들어 유능하고 자격 있는 리더를 붙였다. 그랬더니 말 그대로 교회가 부흥되었다. 소그룹 활동이 어찌나 큰 성공을 거뒀는지 전 세계 목사 수백 명이 소그룹 활동을 배우고 싶어 찾아올 정도였고 우리는 결국 'Life on Life' 라는 국제적 사역을 따로 시작하게 되었다."

교회가 변화될 수 있는 성공 요인이자 사람들에게 장기적으로 변화를 일으킬 수 있는 요인으로는 책임 있는 행동과 자격 있는 후원자입니다. 먼저 작은 소그룹을 만들어 유능하고 자격 있는 리더를 붙였다는 것이죠. 그랬더니 말 그대로 교회가 변화되며 소그룹 활동이 큰 성공을 거뒀다는 내용입니다.

현재 쇠퇴하고 어두워져 가는 다음 세대 공동체를 위해서는 소그룹 모임이나 셀 모임은 정말 중요합니다. 다음 세대만이 아니라 현세대를 위해서도 중요합니다.

다음 세대가 쇠퇴하고 줄어가는 현상이 지속된다면 교회는 사람이 없어지고 사명을 이어갈 동력 자체를 잃어버리게 됩니다. 다음 세대가 없다면 현세대도 살아남지 못한다는 것입니다.

그렇다면 장년 세대의 이전 세대인 청년 및 대학생들의 셀 모임과 소그룹 모임은 어떻게 진행되는 것이 좋을까요? 다음 장에서 알아보도록 하겠습니다.

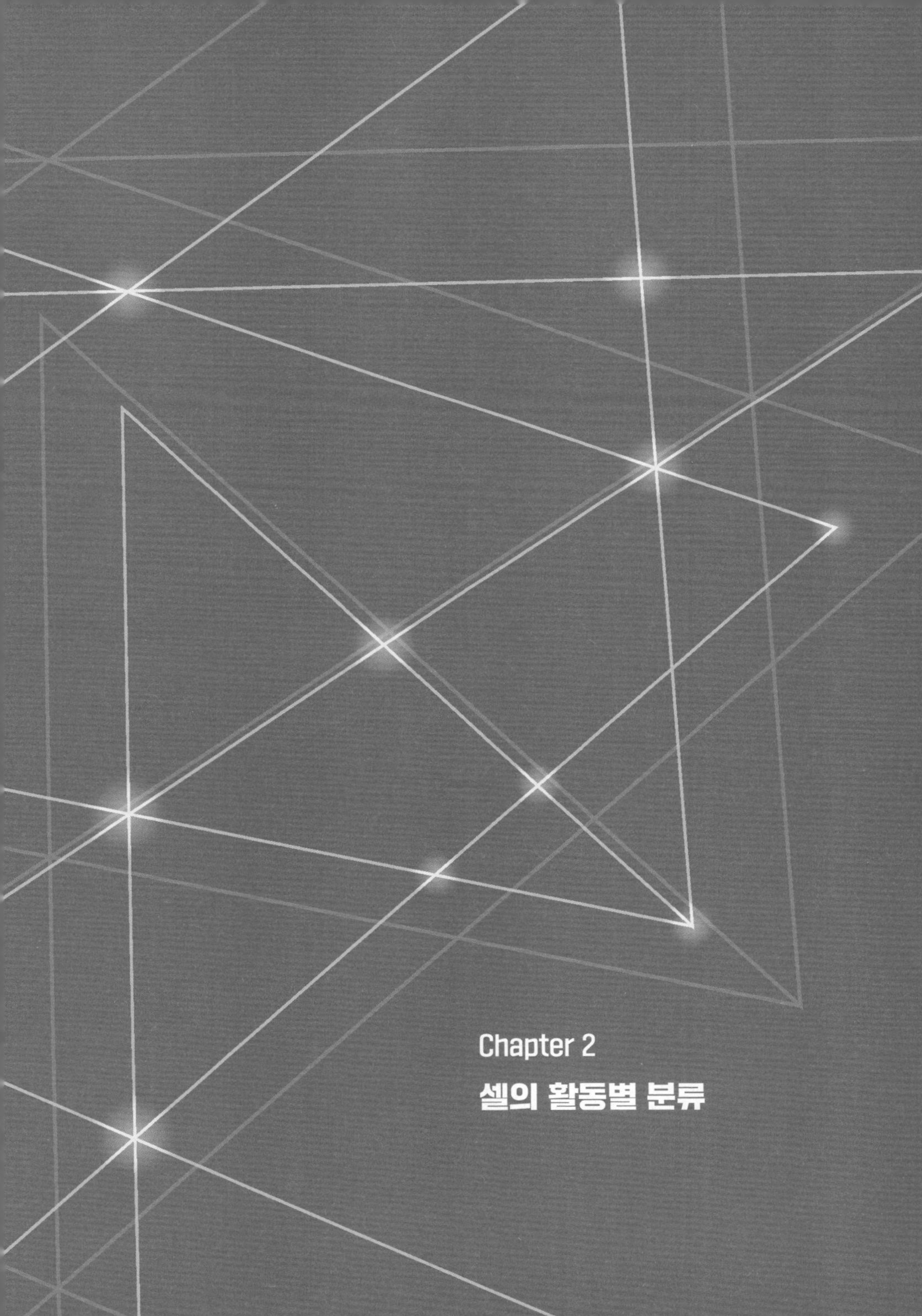

Chapter 2

셀의 활동별 분류

전지적 셀장 시점

01 첫 만남(면담)

1대1 만남

가장 기본적이고 기초적인 방법이면서 셀원 개개인의 형편을 들어볼 수 있고, 셀이 처음 편성되는 시기에서 가장 진솔한 이야기를 들을 수 있으며 셀원의 상황과 환경을 빠르고 정확하게 파악하는 방법입니다. 처음 셀이 편성되는 1, 2월이 끝나기 전에는 반드시 한 번은 시행하는 것이 좋습니다.

첫 만남의 경우는 1 대 1로 진행하는 방법과 1 대 2로 진행하는 방법이 있습니다.

먼저 1 대 1로 진행하는 방법으로는 공동체에서 기존에 친목이 있고 오랫동안 만나온 셀원을 중심으로 진행하거나 셀장과 처음 알게 되었지만 1 대 1로 만나도 마음이 열려 있거나 부담이 없는 셀원을 중심으로 진행하면 좋습니다.

첫 만남 시 앞으로 어떤 프로그램을 준비할 것이며 어떤 방향성으로 나아갈 것인가를 이야기하고 의견을 나누며 의논하는 것이 좋습니다. 이를 위해 셀장의 경우 셀을 어떤 방향으로 이끌어 갈 것이며 어떤 프로그램과 나눔들로 셀 모임을 이어갈 것인지, 그로 인한 시스템은 어떻게 될 것인지에 대한 계획은 어느 정도 잡아놔야 합니다.

아무리 오랜 시간 동안 봐왔고 친한 사이라고 해도 교회와 공동체에 바라고 원하는 부분과 셀에서 나누지 못했던 기도 제목, 그리고 개인 삶 속에서 앞으로의 목표, 현재 상황과 고민에 대해 나눠보는 것이 좋습니다. 그리고 첫 만남을 진행하기 전에 셀원을 위해 꼭 기도하시고 준비하시길 추천합니다.

1대2 만남

1 대 2로 진행하는 방법은 1 대 1 첫 만남을 진행하려 하지만 친목이 있는 사이라 해도 셀장과 셀원이 서로 이성인 경우와 셀장이 처음 만나는 셀원, 새신자와 새내기 혹은 1 대 1로 만나 이야기하는 것을 부담스러워하는 셀원이 있을 때, 진행하는 방법입니다.

셀에서 이야기하고자 하는 셀원과 성별이 같고, 제일 믿음직하거나 친한 친구 1명과 함께 진행하는 방향으로 추천합니다. 혹여 같은 셀에 위와 같은 조건이 없다면 다른 셀의 셀원 중 가장 친한 친구와 함께 만남을 진행하는 것도 좋은 방법입니다.

만약 다른 셀에 속한 셀원의 도움이 필요하다면 다른 셀의 셀장에게 미리 연락하여 허락받는 것이 셀과 셀장들 간의 서로에 대한 예의이자 소통이기에 미리 허락을 구해야 합니다.

만남이 진행된다면 자리를 마련하게 된 계기를 먼저 이야기해주고 1 대 1 만남처럼 앞으로 어떤 프로그램을 준비될 것이며 어떤 방향성으로 나아갈 것인가를 이야기 해주시는 것이 좋습니다.

더 나아가 2 대 1로 만난 친구는 1 대 1로 만난 친구들보다 더 어렵게 만났기에 처음 만났을 때 부담스럽지 않는 선에서 교회와 공동체에 바라고 원하는 부분과 셀에서 나누지 못했던 기도 제목 그리고 개인 삶 속에서 앞으로의 목표, 현재 상황과 고민에 대해 반드시 나눠야 합니다.

셀원과 만남을 신청했다면 같이 맛있는 거 먹고 카페에서 커피나 음료 마시면서 이야기 나눌 예정임을 꼭 전달하면서 딱딱한 분위기의 첫 만남 부담감을 줄여주시길 바랍니다. 먹고 싶은 음식이 있는지, 혹은 가고 싶은 카페가 있는지에 대해 먼저 물어봐 주는 것도 좋습니다.

그리고 첫 만남이나 여러 모임의 막바지에는 앞으로의 프로그램과 이후 일정들의 방향을 이야기 해주시면 동기부여와 시너지 효과가 날 것입니다.

이러한 방법에도 불구하고 첫 만남이 어려운 셀원이 있다면, 첫 만남은 나중으로 미루시고 4인 이상의 그룹모임에 먼저 함께하도록 하여 친목을 쌓은 뒤 첫 만남을 진행하셔도 좋습니다.

첫 만남이 학기마다 필요한가?

꼭 그렇지는 않습니다. 셀원들의 사이가 서로 돈독해지고 친해진 환경이 충분하게 파악된 상황이라면 셀원이 원치 않거나 새신자가 오지 않는 이상 첫 만남을 하지 않아도 됩니다.

즉, 셀이 편성된 1분기에만 필요하며 2분기에서 4분기까지는 굳이 안 하셔도 괜찮습니다. 그러나 첫 만남이 안 되었고 상황 파악이 안 된 셀원이 있다면 첫 만남 대신 다른 만남에서 근황을 파악하셔야 합니다.

02 3인 만남

첫 만남이 다 진행된 셀원 중 친목이 좋을 것이라 예상되는 셀원 두 명을 짝지어 같이 면담을 진행합니다.

"이 방법을 굳이 할 필요가 있나요?"라고 질문하실 수 있습니다. 하지만 친목을 쌓은 상태에서 더 진솔하고 깊은 대화를 위해서는 이 방법이 필요합니다.

4인 이상 인원이 모여 나눔을 하려면 시간적 한계가 있을 수 있으며, 셀장 또한 셀원의 이야기를 경청하고 이해하며 기억하는데 한계가 있기에 많은 셀원이 모이게 된다면 셀장이 부담일 수 있습니다.

친목이 쌓인 상태에서 더 진솔한 이야기를 듣기 위해서는 셀원 2명과 셀장 한 명으로 이뤄진 3인이 가장 적절합니다.

3인 모임에서 꼭 이야기할 것은 청년의 때를 어떻게 살아가야 하며 준비하고 가꿔야 하는지에 대해 이야기 해주고 가르쳐 주며 사명과 비전에 대한 나눔도 필요합니다. 이에 대한 내용은 뒤에서 나눌 것입니다.

03 그룹 만남

셀이 처음 형성된 년 초기에 1 대 1 면담과 1 대 2 첫 만남이 다 끝났거나 1 대 1 면담을 끝마친 셀원의 수가 첫 만남을 하지 않은 셀원보다 많을 때에 이제 본격적으로 모임의 규모를 키워야 할 시기입니다.

4인 이상의 인원이 모여 함께 식사하고 같이 교제하거나 카페에서 함께 이야기를 나누는 등 좋은 시간을 보내며 더욱 친밀감을 이어가야 합니다.

이 만남에서는 나눔도 좋지만 4인 이상이 교제할 수 있고 즐길 수 있는 프로그램을 진행 하는 것이 좋습니다. 셀장과 1 대 1로 진솔한 대화를 나누는 것은 가능했으나, 많은 셀원 앞에서는 아직 어색하거나 처음 보는 사람들 앞에서 나눔을 하기에는 쉽지 않기 때문입니다.

그러하기에 2월 말까지는 이전에 첫 만남을 이어가지 못한 지체가 있다면 그룹 배정 시 3명은 셀장과 면담을 한 셀원, 1명은 면담을 안 한 셀원으로 그룹을 배정하여, 모임을 진행하여 먼저 친목을 도모하기를 추천합니다.

만일 식사와 친교를 한 후에도 시간적 여유가 있다면 그때 나눔을 진행하시되 이전에 말씀드린 것과 같이 인원이 많으면 셀장이 셀원들의 이야기를 다 듣고 기억하기가 어렵고 부담이 되기에 가능하면 가벼운 주제나 일상에 대한 나눔을 하시기를 추천드리며, 첫 만남을 하지 않은 지체의 이야기를 듣기 원하신다면 그 나눔 자리의 주인공은 그 셀원이 되어야 합니다. 이를 위해서는 첫 만남을 하지 못한 셀원의 이야기를 최대한 많이 들어주시고 여러 부분에서 연관된 질문들을 많이 던지시기 바랍니다.

그룹 만남으로 서로 얼굴이 익숙해지고 친목 도모가 충분히 되었으며 셀장과의 첫 만남 진행과 여러 모임으로 대부분의 셀원의 상황과 근황이 파악되었다면 그 이후로는 그룹 만남마다 친교와 나눔을 적절히 번갈아 진행하셔도 좋을 것입니다. 2월 말부터면 아마 가능하지 않을까 싶으며 셀장 분들께서 더 활발하게 움직여 주신다면 더 빠른 시기에도 가능할 것이라 예상됩니다.

그러나 그룹 만남 시 깊이 있는 나눔을 하기에는 어려울 수 있기에 나눔을 할 예정이라면 간단하고 가벼운 나눔으로 인해 셀원의 가장 최근 근황과 셀원이 이전에 나눠준 개개인의 목표에 대해 잘 생활하며 나아가고 있는지와 어려움의 발생 유무 등을 확인하는 방향이 좋을 것입니다. 그리고 청년의 시기를 잘 가꿔나가고 있는지에 대한 간단한 확인도 해보시길 바랍니다.

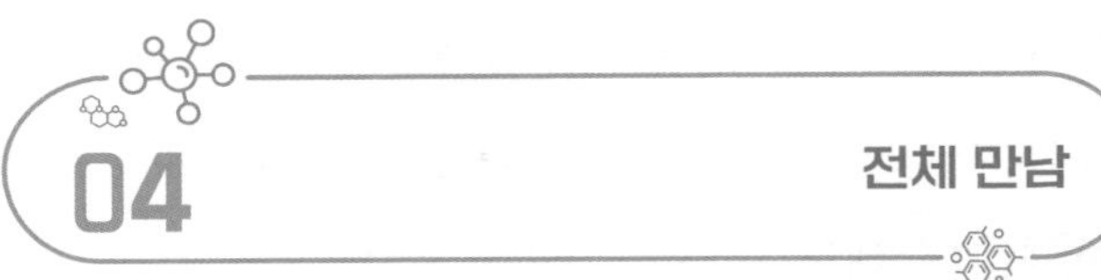

셀이 형성된 지 한 달이 지나가는 시기이자 차츰 서로의 얼굴들을 익혀가고 친목이 쌓이기 시작한 시기인 2월과 1학기가 끝나고 여유가 있는 여름 방학에 꼭 한 번씩은 진행하는 것이 좋습니다.

2월 전체 만남

다 같이 넓은 식당에 모여 식사하거나 교회에서 모여 음식을 시켜 먹는 것도 좋은 방법입니다. 보드게임, 카페, 볼링장 등등 다수가 함께 교제할 거리를 찾아가는 방법도 좋을 것입니다. 이후 시간적 여유가 있으시다면 나눔을 진행하셔도 좋습니다.

2월에는 나눔이 꼭 필요하기에 웬만해서는 마지막에 나눔을 진행할 예상을 하고 일정을 잡으시는 것이 좋으며 그것이 불가능하다

예상이 된다면 1~2월에 그룹 만남을 많이 진행하시고 전체 만남은 식사 후 나눔을 할 것을 추천합니다. 이를 위해서는 이전에 셀원의 현황 파악이 빠르게 진행되어야 합니다.

년 초에 다수가 모인 만큼 나눔도 다양하고 이전에 친목이 잘 쌓였다면 질 좋고 진중한 시간이 될 수 있습니다.

여러 사람의 이야기를 들을 수 있는 시간임과 동시에 한 공간에서 다수가 하나라는 느낌을 크게 느낄 수 있는 순간이라 친교도 좋지만, 진중한 단체 나눔을 하는 것이 좋습니다.

2월 말이면 3월부터 대학 생활이 시작되는 학생들과 타지로 가는 학생들이 있기에 동기부여와 격려, 기도하는 시간이 꼭 필요하기에 나눔은 꼭 있어야 하며 7월의 전체 만남, 8월의 수련회와 여름 아웃팅 이야기를 해주면 더욱 시너지 효과가 날 것입니다.

셀장들은 이때부터 셀 아웃팅과 7월 전체 만남을 미리 예상하시고 3월부터 아웃팅을 준비하는 편이 좋습니다.

7월 전체 만남

여름 방학이 본격적으로 시작되는 시기이며 그동안 만남과 모임이 잘 진행되었다면 셀원 간의 친목이 잘 쌓여 있는 상태입니다.

2월과 비슷하게 넓은 식당에 모여 식사하거나 교회에 모여 음식을 주문해 먹는 것도 좋으며, 이후 보드게임 카페, 볼링장 등등 다수가 함께 교제할 거리를 찾아 가면 좋지만, 여름에 즐길 수 있는 계곡 혹은 바다에서의 물놀이를 추천합니다.

7월 전체 만남은 2월과 다르게 나눔은 생략하고 친교하는 것에 집중하기를 추천합니다. 그 이유는 한 학기 동안 열심히 달려온 셀원에게 당장에 바로 나눔부터 들어가기에는 분위기가 너무나도 딱딱할 수 있으며, 나눔의 경우 여름에 있을 수련회와 아웃팅 때 해도 늦지 않기 때문입니다.

05 셀 아웃팅

셀 아웃팅은 셀 전체 모임처럼 전원이 함께하는 프로그램으로 여름 방학 기간 중 8월 초~중순, 한 해가 거의 끝나가며 종강하는 12월 중순에 한 번씩 진행하는 것이 좋습니다.

아웃팅 일정은 2월 방학 기간의 셀 단체 모임에서 다 같이 준비하여 좋은 시간을 만들 것을 제안해 보는 것이 좋습니다.

단체 모임이 어렵다면 아직 타지 셀원이 남아있는 2월 중순이나 말에 주일마다 있는 셀 모임 때 제안해 보는 것이 좋습니다. 그리고 셀원이 동의했다면 함께 돈을 모으는 것을 추천하며 저축 통장이나 봉투를 만드는 것이 좋습니다.

저의 경우는 봉투를 하나 만들어 3월부터 8월까지 사비로 매달 15만 원에 1, 2만 원씩을 더하여 모으고 사진을 찍어 금액과 봉투 사진을 셀 단톡방에 공개했었습니다.

여름 아웃팅은 1박 2일 해수욕장, 1박 2일 풀캉스 등이 좋고 겨울 아웃팅은 12월에 종강한 날부터 한 해가 끝나는 날까지 기간이 그리 길지 않기에 당일치기 연말 파티 식으로 진행할 것을 추천합니다.

아웃팅의 목적은 휴식과 회복입니다. 셀원이 잘 교제하고 쉴 수 있는 장소와 충분한 교제 거리, 배불리 먹을 먹거리, 오락이 준비되어야 합니다.

잘 교제한 후 이전 학기에 대한 나눔은 꼭 필요합니다. 휴식과 회복이 목적인만큼 여러 이야기를 나누면서 마음속에 있는 것들을 털어놓고 이야기를 나누어야 진정한 휴식과 회복이 이뤄지기 때문입니다.

☑ 셀 아웃팅 시 주의할 점

첫째, 1박 2일 아웃팅 시 반드시 형제, 자매 따로 객실을 예약하라.

어떤 공동체나 모임에서도 이성 간의 문제는 개인의 인간관계와 공동체를 무너뜨릴 수 있다는 점을 꼭 고려해야 합니다. 문제가 일어날 명분 자체가 발생하지 않도록 주의해야 합니다.

둘째, 1박 2일 아웃팅 시 각 셀원의 부모에게 소식지(가정통신문)를 두 달

전에 보내서 허락받아야 하며 이는 셀장 몫이다

부모는 소식지를 통해 1박 2일간 자녀들이 어디서 어떻게 쉬는지 알 수 있습니다. 특히 자녀가 자매이거나 이제 막 20살을 넘어선 새내기 혹은 새신자라면 일반적인 통보보다는 소식지를 받으셨을 때 매우 안심하시고 편안한 마음으로 허락하실 수 있습니다.

처음에 말씀드린 대로 소식지에 형제, 자매 따로 객실을 예약했다는 내용을 꼭 넣어야 합니다. '우리가 애도 아니고 성인인데 꼭 이렇게까지 해야 해?'라고 생각하시는 분들이 있을 수 있습니다.

어린이들은 아직 미숙하기에 정해진 선을 잘 알지 못함으로 어른들의 통제를 받고 따라야 하지만 이제 성인을 넘어선 대학부, 청년부는 정해진 선과 통제 범위를 잘 알고 있습니다.

즉 소식지의 의미는 우리가 성인으로서 통제선과 범위 안에서 모두가 안전하고 평안하게 교제하고 쉴 수 있도록 하기 위한 수단입니다.

소식지로 인해 기존에 교회의 장년 성도들과 부모에게 대학, 청년부의 활동이 활발하다는 것 또한 알려드릴 수 있습니다. 이를 통해 앞으로의 행사나 일정 진행에 있어 대학부와 청년부를 향한 장년 성도들의 신뢰도가 더 좋아질 것입니다.

새신자의 부모라면 어떨까요? 소식지를 받고 '우리 애가 이번에 교회에 갔는데 교회 친구들이랑 잘 어울려 같이 1박 2일로 놀러간다'라고 생각하시면 크게 기뻐하시지 않으실까요?

셋째, 소식지의 경우 가정통신문과 같게 자세하고 꼼꼼히 기록하라.

소식지에는 인사말, 자기소개, 소식지를 쓴 목적(아웃팅), 아웃팅 내용과 목적, 아웃팅 준비 과정, 장소와 시간, 형제와 자매를 구분 지어 객실을 예약했는지, 참여 인원, 이동 수단, 아웃팅 프로그램, 일정표, 끝인사까지 전부 빠짐없이 기록해야 합니다.

가정통신문과 같은 자세한 소식지를 부모에게 받으면 안심하시고 평안한 마음으로 자녀들의 아웃팅을 허락하실 수 있으시며, 많은 준비가 되었음과 소식지를 전하는 이가 성숙하고 믿을 수 있는 사람이라는 신뢰도를 확인시켜 드릴 수 있습니다.

다음 페이지에서 제가 작성했던 소식지로 예시를 보여드리겠습니다.

소식지 예시

우리들의 풀!캉!스! 소식입니다.

집사님! 안녕하십니까?

○○ 교회 대학부 주현재 셀장입니다.

직접 만나 인사를 드려야 하지만 인사드릴 분들이 많음과 좋은 소식을 더 세세하고 정확하게 알려드리고자 편지로 인사를 드리게 된 점 양해 부탁드립니다.

어느덧 2022년 한 해의 절반이 지나가고 무더위와 장마가 반복되는 7월입니다. 지금 시기에 대학생들은 방학을 맞이해 8월 말까지 휴식과 회복을 더불어 다음 학기를 위한 준비 기간이기도 하죠, 하지만 직장인들이나 사회인들은 늘 그렇듯이 주일에 안식일만 있으며 방학이 존재하지 않습니다.

저도 작년부터 직장 생활을 시작해 보니 집사님들에 비해 삶을 오래 살지는 않았지만, 직장과 사회 그리고 가정을 꾸려 나가는 것이 얼마나 고되신 일인지 조금은 실감이 나고 이해가 갑니다. 더군다나 방학이 없음과 지친다는 이유로 방학처럼 1~2달 장기간 쉬었다간 직장을 잃고 앞으로의 삶과 계획에 차질이 심하다는 것은 확실하게 실감하는 중입니다.

안식일 말고는 쉬는 날이 없는 것만으로도 힘드실 것인데 더운 날씨에도 불구하고 하나님의 은혜와 사랑 안에서 거하시며 가정과 사회에서 고생하심에, 그리고 귀하의 자녀분들께 관심과 사랑을 쏟으시며 애써 주심에 응원과 박수를 보냅니다!!!!!!

방금 말씀드린 좋은 소식으로 말씀드리자면, 저희 주현재 셀은 8월 12일과 13일에 1박 2일 기간 동안 풀캉스를 떠나기로 이전에 결정을 했으며, 지금 현재 풀빌라 예약과 레크리에이션 준비, 차량이 모두 확보가 되어있는 상황입니다.

이번 여행을 준비하게 된 계기는

첫 번째 = 지금까지 한 학기를 잘 달려온 우리에게 회복과 쉼

두 번째 = 한 학기 동안 다들 힘들고 지침에도 불구하고
자신의 위치에서 자신의 몫을 다함에 대한 보상

세 번째 = 한 학기를 돌아보고 다음 학기에 대한 다짐

네 번째 = 다음 세대를 이끌어갈 예비 리더들에 대한
동기부여와 양성입니다.

이전 학기의 결과는 관계없이 귀하의 자녀분들은 개인의 위치에서 자신들의 몫을 잘해주었고 힘들고 지친 순간에도 중도에 포기하지 않고 열심히 달려왔습니다.

그리하여 이전 학기에 대한 쉼과 보상, 그리고 열심히 달려온 이전을 돌아보며 다음 학기에 대한 새로운 다짐을 할 시간과 기회를 가지려 합니다.

더 나아가 저(주현재 셀장)는 올해 나이가 26세로 내년이면 청년부로 올라가게 됨으로 올해가 대학부에서의 마지막 섬김입니다. 대학부에서의 마지막 섬김과 마지막 셀장인 만큼 저와 함께해 주신 셀원들 만큼은 앞으로 교회와 사회에서의 훌륭하고 꼭 필요한 일원과 리더가 될 수 있도록 동기부여를 하는 기회를 가지려 합니다.

3월부터 8월까지 많은 제정과 시간, 노력으로 준비한 행사이니 귀하의 자녀분들을 보내주셔서 좋은 쉼과 회복, 앞으로의 다짐과 동기부여를 할 수 있는 좋은 기회를 가질 수 있도록 허락해 주시면 대단히 감사드리며 실망과 염려를 끼치지 않겠습니다.

장소: 거제도 ○○ 펜션(평점 5점 만점 중 4.95으로 좋은 펜션이라 예상됩니다.)

(도로명: 경남 ○○시 ○○면 ○○길, 지번: ○○리 294-2)

인원: 10명 = 형제 5명(주현재, ○○○, ○○○, ○○○, ○○○)

자매 5명(○○○, ○○○, ○○○, ○○○, ○○○)

첨언

지금 인원은 특별한 상황이(부모의 거절, 개인 사정으로 인한 셀원의 불참 의사) 없는 이상 확정된 인원이며, 인원은 상황에 따라 변동될 수 있습니다. 기존에 연락이 잘되지 않음과 사전 투표에 참여하지 않고, 참여하지 않겠다는 의사를 밝힌 셀원은 제외되었습니다.

날 짜 : 2022년 8월 12일 오후~13일 오후

장 소 : 거제도 ○○ 펜션이며 최소 2인~최대 8인실 방을 2개 예약함으로 형제와 자매의 방을 따로 나누었습니다. (301, 302호로 각각 25평입니다.) (네이버에는 최대 4인으로 되어있으나 야놀자 앱과 사이트에는 최대 8인으로 되어 있습니다.)

준비물 : 풀장 이용에 필요한 레쉬가드 및 개인 여벌 옷

비 용 : 전액 무료(숙박과 식비 등등은 교회 제정과 셀장 사비 및 셀원 회비로 인해 따로 비용은 없어도 됩니다~)

차 량 : 주현재(7인승), ○○○(5인승)

일정표

날짜	시간	활동
2022년 8월 12일	13:30	교회에서 출발
	15:00	도착 및 체크인
	15:00~18:00	물놀이 및 자유시간
	18:00~20:00	저녁 식사 및 게임 레크리에이션 시작
	20:00~21:00	게임 레크리에이션 진행
	21:00~22:00	게임 레크리에이션 진행
	22:00~23:00	다과(커피 및 빙수)로 나눔 진행
	23:00~24:00	한 학기를 돌아봄(나눔과 동기부여 시간)
2022년 8월 13일	00:00~08:00	자유시간 및 취침
	08:00~09:00	세면 및 아침 식사
	09:00~10:00	정리 및 체크아웃
	10:00~11:30	귀가 및 교회 도착

부탁드립니다!

집사님들의 귀한 자녀분들을 위한 특별한 아웃팅을 준비했으니 허락해 주시기를 간절히 부탁드리며, 많은 관심과 기도 또한 부탁드립니다. 긴 글 읽어 주심에 감사드리며 이만 물러가겠습니다

- 2022년 7월 2일 ○○ 교회 대학부 주현재 셀장 올림 -

넷째, 교역자들과 꼭! 상의하라.

아웃팅은 인원이 많고 적음을 떠나 1박 2일 동안 진행되는 큰 행사이며 셀원의 부모님들이 아셔야 하는 행사라면 교회와 교역자분들 또한 알고 계셔야 합니다. 교역자분들이 봤을 때, 아무런 이야기 없이 이러한 행사가 진행되었다면 매우 당황스러우실 겁니다.

아웃팅 준비 전에 교역자분들과 교회에 미리 이야기해 상의하면 차량 운행 등 여러 부분에서 도움을 받으실 수 있습니다.

Chapter 3

셀 모임 시기별 분류

전지적 셀장 시점

1월 사역

새로운 셀이 형성되고 약간의 셀 지원금이 셀 별로 지급되는 시기로 셀원들 간에는 기존의 아는 사람들도 있으나 모르는 사람이나 평소 친하지 않은 사람들로 인해 아직은 어색하지만, 타지 인원들과 신입생들로 인해 인원이 가장 많은 시기입니다.

더군다나 겨울 방학이 본격적으로 시작된 시기로 대학생들에게 가장 여유 있는 시기이기에 셀 면담과 모임을 하기에 가장 최적의 상태이며 모임의 분위기를 조성하고 만들어야 합니다.

셀이 막 형성된 시기이자, 처음 만나는 셀원들도 있는 이 시기에 좋은 활동으로는 셀장 주도하에 1 대 1 면담, 1 대 2 면담을 먼저 하는 것을 추천합니다.

나눔 주제로는 이전에 말씀드린 바와 같이 셀과 대학부에 바라는 점이나 셀에서 하고 싶은 활동이나 프로그램, 기도 제목, 각자 개인의 취향과 취미, 관심사, 학교와 학과, 전공과 하고 싶은 일, 새해 목표와 꿈 등을 나누면서 셀원의 현재 상황과 환경을 파악하는 것이 좋고 1 대 1 면담과 1 대 2 첫 만남이 빠르게 진행되었다면 3인 만남이나 그룹 만남을 추진해도 좋습니다.

2월 초부터는 그룹 만남을 해 나가는 것이 좋은 시기이자 2월 중순부터 타지 인원이 떠나가기 전에 셀 전체 만남을 한 번은 해야 합니다. 그러기에 셀이 막 형성된 시기에 모임의 분위기 형성과 다음 모임이 더욱 잘 진행될 수 있도록 준비하는 차원에서 첫 만남을 1월에 빠르게 진행하는 것이 좋습니다.

1월에 꼭 기억하셔야 할 점은 첫 만남과 그룹 만남으로 셀장과 셀원들 간의 만남이 한 번이라도 이뤄지지 않는다면, 셀원들이 어떤 상황과 환경에 있는지 모르기에 셀원에 대한 기도가 어렵고 더군다나 경제적으로 어려운 셀원은 교회와 공동체에 도움을 요청하여 장학금과 같은 도움을 받아야 하는데 셀원의 어려움을 모른다면 도움과 지원의 요청이 어렵다는 점을 기억하시고 셀원들을 만나기 가장 좋은 시기이기에 만남에 힘써야 함을 명심하셔야 합니다.

더군다나 셀원들의 관심사, 취미, 좋아하는 것과 원하는 것을 알지 못한다면 필요를 채워줄 방법을 알 수 없기에 섬김이 더더욱 어려워집니다.

그리고 셀 모임 지원금이 나왔다고 해서 바로 사용하는 것보다는 2월에 있을 셀 단체 모임을 위해 아껴 놓으시는 것이 좋으며 아직 사이가 어색할 확률이 높은 시점에서 셀 지원금을 사용하고자 1월에 단체 모임을 하는 것은 추천하지 않습니다.

이 시기에 만남이 되지 않을 시 가장 안타까운 점은 2월 말부터 타지 인원들이 조금씩 떠나가는 시기이자 개강 직전이라 2월 말에 단체 모임을 통해 서로 격려하는 시간을 가져야 하지만 만남이 안 되어 친목이 형성되지 못했다면 2월 전체 만남은 기대하기 어렵습니다.

이 말은 즉, 최소한 1월 중으로 1 대 1이나, 1 대 2 첫 만남, 그룹 만남으로 인한 셀원들과 각각 한 번씩은 만나서 교제하는 시간이 필요하다는 말입니다.

2월 사역

셀이 형성된 후 약 한 달이 지난 시점입니다. 매주 서로 교회에서 만남으로 어색함이 허물어지고 1월에 셀장 분들이 만남을 잘 진행해 왔다면 친목이 쌓여 왔기에 다수와의 만남에 집중하여 서로의 관계와 친목에 박차를 가할 수 있는 시기입니다.

그룹 만남과 겨울 방학의 정점인 셀원 전체 만남을 통해 셀 전원이 식사와 나눔을 통해 즐겁고 행복한 시간과 단체 나눔을 통해 개인마다 다양하고 진솔한 나눔으로 더 깊은 시간을 보내는 것이 중요합니다.

2월 말에 타지 인원이 떠나기에 타지 인원 위주로 시간을 조율하는 것이 중요하며, 3월부터는 타지 인원을 포함한 거의 모든 셀원들이 학업에 본격적으로 뛰어들어야 하기에 서로 위로하고 격려하는 시간과 청년의 시기를 어떻게 보내야 함과 우리의 삶은 주님이 주관하심을 꼭 알려줘야합니다. 그리고 단체 모임에서 여름 방학 아웃팅을 논의하면 좋습니다. 아웃팅을 논의하고 싶다면, 거금과 긴 시간을 준비해야 하기에 1~2월에 셀원들과 친목을 잘 쌓아야 합니다.

2월에 주의하셔야 할 점은 매주 서로 얼굴을 봐 왔어도 셀원들 사이에서 조금씩 어색함이 허물어지며 친목이 쌓이고 관계가 형성되는 것은 셀장 재량에 따라 차이가 난다는 것입니다. 셀장이 모임과 만남을 주도했다면 어색한 분위기가 차츰 사라지긴 하지만, 거의 주도하지 못했다면 어색한 분위기가 지속될 가능성이 높습니다.

그로인해 1월에 만남이 적었다면 2월에 더 박차를 가해야 합니다.

저는 개인적으로 약간 아쉬웠던 부분은 코로나의 위험이 조금씩 누그러지긴 했으나 아직 완전하게 그러하지는 못했고 당시 교회에서 확진자 발생으로 모든 만남이 잠시 중단되는 바람에 어쩔 수 없이 줌(ZOOM)으로 셀 모임을 했다는 부분이 좀 아쉬웠습니다.

3월 사역

개강과 동시에 학교생활이 시작됩니다. 타지 인원이 거의 없이 현지에 남아있는 셀원들끼리 더욱 돈독해질 수 있는 시기입니다.

매주 교회에 나오는 인원들을 집중적으로 챙겨야 하는 시기이며 활동으로는 4인 이상의 그룹모임을 진행할 것을 추천합니다.

강의 시간표에 따라 시간과 날짜가 다들 달라 만날 수 있는 인원이 적다면 3인까지 나눠서 따로 모임을 진행하는 것이 좋습니다. 그리고 4월에는 다들 시험 기간으로 인해 만나기 어렵기에 3월에 모임이 많이 있을 것임을 셀원들에게 꼭 알려야 합니다.

현지에 있는 지체들을 계속 챙겨야 한다고 해서 타지 인원들에게 소홀해서는 안 됩니다. 타지 인원들에게 연락하여 어떻게 지내는 지와 학교생활에 대해 파악하여야 합니다.

최근 학교생활을 나누거나 오랜만에 학교에 간 기분, 느낌과 같은 가벼운 주제로 나눌 것을 추천하며, 함께 교제하며 자주 만나야 하는데 그 이유는 4월 중순부터는 시험기간으로 모임이 어렵기에 3월에 최대한 많이 모이고 만날 것을 추천 드립니다.

☑ 셀원 만남을 년 초에 시행 못 할 경우의 문제점

첫째, 앞으로 함께 하는 모임의 진행 자체가 되지 않거나 진도가 더디어지며 진행이 되어도 어색한 분위기가 조성되어 셀 모임과 만남이 어려워질 수 있습니다.

그룹 만남과 전체 만남의 진행이 늦어지고 진행이 되어도 어색하고 조용한 분위기밖에 없습니다. 더구나 모두가 재정과 마음을 모아야 하는 셀 아웃팅이 진행될 가능성은 거의 사라집니다.

둘째, 셀원의 상황을 셀장이 알 수 없고 그로 인해 셀장이 셀원을 위해 기도할 수 없으며 교회 공동체가 셀원에게 도움을 주기가 어렵습니다.

가정의 어려움이 있는 셀원이나, 한 부모 가정의 셀원 파악이 어렵고, 경제적인 어려움을 겪는 셀원이 있을 수 있으나 이를 모를 시 도움을 줄 수 없고 기도 또한 해주기 어렵습니다. 경제적인 부분에서 셀장이 모른다면 교회에서 지원하는 장학금을 포함한 여러 부분에서 도움을 받기가 어려워집니다.

셋째, 3월부터 타지로 가는 셀원의 경우 셀 내에서 친숙한 관계를 형성하기 어려우며, 이는 자칫 이후의 모든 셀 모임에 타지 인원이 불참하는 결과로 이어질 수 있습니다. 셀 뿐만 아니라 부서와 교회 자체를 부담스럽거나 어색하게 느낄 수 있고, 아무도 챙겨주지 않고 자기들끼리 모여 교제한다는 소외감을 느낄 수 있습니다.

이는 결국 부서 예배 및 모임 불참석과 최악의 경우 셀원이 교회를 떠나가는 불상사가 발생할 수 있습니다. 이러한 이유로 부서를 떠나거나 다른 교회를 찾아가는 이들이 적지 않습니다.

02 2분기: 서로 위로하고 격려하라

4월 사역

개강 후 한 달이 지난 후로 과제와 팀플로 조금씩, 중간고사 때는 본격적으로 지쳐가는 시기입니다. 활동으로 시험 3주 전까지 최대한 자주 만나고 자주 놀며, 최근 근황을 나누는 것이 좋습니다.

간단한 나눔을 진행할 예정이라면 그동안 과제와 팀플로 인해 힘들고 지쳤던 순간이나 어려웠던 순간들을 공유하며 서로 위로하고 격려하는 시간을 가져야 합니다.

셀원들 중 대학생들이 있기에 중간고사 이야기도 나눠야 하는데 이때, 학점과 교수님이 삶 속에서 중요하긴 하지만 학점으로 인생이 결정되는 것이 아니며 내 삶을 이끌어 주시고 책임져 주시는 분은 교수님이 아닌 하나님이시라는 것을 이야기 해 주어야 합니다.

그로 인해 어떤 마음과 방식으로 살아가야 하는지와 우리의 삶을 주관하는 분은 학점과 교수님이 아닌 하나님임을 이야기해야 합니다.

☑ 주의사항입니다.

4월에 무리하게 모임을 진행하는 것은 과제와 팀플로 인해 안 그래도 바쁜데, 곧 있을 시험으로 인해 더 바쁜 셀원들에게 부담을 줍니다.

최소한 시험 3주 전부터는 셀원들이 공부에만 집중할 수 있도록 주일마다 있는 셀 모임 외에 다른 모임은 전면 중지하고 셀장 또한 직장인이라면 중간고사 끝날 때까지 좀 쉬는 기간을 가지거나 대학생이라면 본인의 공부에 더욱 신경을 쓰는 것이 좋습니다.

5월 사역

중간고사가 끝나고 해방되어 여유가 생긴 셀원들이 조금씩 회복하지만, 더위가 시작되어 다시 조금씩 지쳐가는 시기입니다.

중간고사가 끝이 나서 여유가 있으나 이 여유는 잠깐이며 오래 가지 못합니다. 팀플과 과제가 기다리고 있고 이후 기말고사 때문에 중간고사가 끝난 후 보통 2주간의 여유가 있고 길면 3주로 여유가 한 달을 넘어가기는 어려울 것입니다.

그래도 그나마 여유가 있는 5월 첫째~셋째 주에 셀원들을 만나 맛있는 식사와 이야기를 나누며 위로와 격려를 해주고 기말고사와 여름 방학 때까지 시간이 생각보다 빠르게 지나갈 수 있음을 이야기해 줘야 합니다.

가능하다면 3인보다는 그룹 만남이 가장 적합할 것이며 그동안 지쳤던 마음을 나눔으로 잠시나마 위로하고 격려하는 시간이 필요하기에 다른 셀의 셀원들 보다는 기존의 셀원들로 구성하면 좋습니다.

이때는 더위로 인해 슬슬 기운이 빠져가는 시기이기에 맛있는 식사를 풍족하게 하고 배스킨라빈스나 설빙과 같은 시원한 디저트로 함께하는 시간을 보내는 것을 추천드립니다.

나눔을 진행할 시 그동안의 생활과 중간고사는 어땠는지에 대해 나누고 중간고사를 망친 이가 있다면 기말고사 때 만회가 가능함을 이야기해 줘야 하며, 기말고사와 여름 방학이 다가옴을 이야기함과 여름 방학 때 프로그램으로 동기부여를 해줘야 합니다.

추가로 8월 아웃팅과 7월 단체모임 날에는 셀원 들에게 다른 일정을 잡지 않도록 당부할 것과 대학생들이라면 알바를, 직장인들의 경우 휴가나 연차를 조정하는 것이 좋습니다. 그리고 교회 여름 수련회가 진행되는 날짜를 미리 파악해 교회 수련회와 아웃팅 날짜가 겹치지 않게 해야 합니다.

1박 2일 아웃팅 진행이 거의 확정되고 시간과 날짜가 얼추 맞춰졌다면 5월 말이나 6월 초에 펜션을 예약하는 것이 좋습니다.

6월 사역

과제 및 팀플, 기말고사와 설상가상 더위가 강해지면서 셀원이 본격적으로 지쳐갑니다. 6월 중순 및 말에 기말고사가 끝나 한 학기가 종료 후 타지 셀원이 돌아오는 시기입니다.

사실상 이 시기에는 만남을 진행하기가 어렵습니다. 시험 기간 3주 또는 2주 전까지도 과제와 팀플이 남아있기에 사실상 5월 중순이나 말부터 다들 여유가 없을 겁니다.

6월부터 종강까지는 셀 모임을 거의 하지 않는 것을 추천하며 종강을 한 셀원이나 타지에서 돌아오는 셀원부터 두어 명씩 만나는 것이 좋습니다. 만약 셀 모임하기가 어렵다면 모임에 사용될 재정은 남기시기 바랍니다.

만약 셀장이 직장인이라면 종강 기간까지 좀 쉬는 기간을 가지거나, 종강 후 셀원과의 만남을 준비하거나 7, 8월의 모임을 좀 더 집중하여 준비하는 것이 좋으며 만약 대학생이라면 본인의 공부와 과제 및 팀플에 더욱 신경을 쓰는 것이 중요하며 종강 후 만남과 앞으로의 일정들을 차근차근 준비하며 진행하는 것이 좋습니다.

03 3분기: 여름 방학! 교제하며 2학기를 준비하라

7월 사역

1학기 종료 후 여름 방학이 본격적으로 시작됩니다. 졸업반이나 고학년이 아닌 대학생들에게는 여유로운 시기입니다.

2월처럼 인원이 가장 많지만, 셀장의 재량과 셀의 상황에 따라 셀원간의 관계가 원만하게 형성되어 있을 수 있습니다. 그리고 대학생 입장에서는 기대했던 방학이라 어떻게 놀아도 잘 놀 수 있기에 이 시기에 모임과 프로그램 및 활동을 늘려야 하고, 한 학기를 잘 달려온 셀원들을 위로해 줘야 합니다.

활동으로는 4인 이상 모였을 때는 식사와 친교의 시간을 추천하며, 3명이 모였을 때는 나눔을 하면서 올해 1학기가 어떠했는지에 대해 이야기하고 나누는 것을 추천합니다.

물론 4인 이상 모였을 때 나눔을 해도 좋으나 7월은 즐기고 쉬어야 하는 시간도 필요하기에 그룹 만남 시 나눔을 하면 많은 시간이 흘러 셀장에게 부담이 될 뿐 아니라 모두가 충분히 친교를 나누지 못할 수도 있습니다. 나눔은 되도록 3인까지 모였을 때만 진행하기를 추천합니다.

8월에 셀 아웃팅과 여름 수련회에서 다 같이 나눔을 할 것이기에 4인 이상에는 나눔보다는 쉼과 즐기는 시간을 추천합니다. 그러나 8월에 셀 아웃팅과 여름 수련회가 있다고 해서 셀에서 나눔을 아예 하지 않을 수도 없는 노릇이라 3인 만남 및 그룹 만남을 적절히 조절하여 진행하시길 바랍니다. 나눔을 원하는 셀원이 많다면 그룹 만남에서 가볍게 진행하셔도 괜찮을 것입니다.

7월은 아웃팅 전 당일치기로 셀 단체 모임을 먼저 하여 여름에만 특별하게 경험할 수 있는 계곡이나 해수욕장을 먼저 가기를 권장합니다. 많은 이들이 매우 기대하는 마음으로 방학을 맞이한 터라 이때는 나눔보다는 휴식과 즐김에 중점을 두고 다른 셀과 함께 하는 것도 좋은 방법입니다.

☑ 주의사항

셀 전체 만남을 7월에 하는 것이 좋은 이유는 8월에 셀 아웃팅이 있기에 셀 전체 만남까지 하게 되면 한 달에 진행되는 큰 행사가 2개이기에 준비하는 셀장도 참여하는 셀원도 부담이 되기 때문입니다.

더군다나 여름 수련회도 8월에 진행될 수 있기에 최악의 경우 한 달에 큰 행사가 3개가 될 수 있습니다. 이러한 상황을 피해 여름의 큰 행사는 7월과 8월에 각각 나누는 것이 좋습니다.

전체 만남보다 아웃팅이 재정적인 부분이 크기에 8월까지 재정을 다 모은 후에 아웃팅을 진행하는 것이 좋습니다.

그리고 여러 만남과 셀 아웃팅, 전체 만남 일정 및 시간 조율 시 타지 인원과 알바생을 배려해야 합니다. 알바생들이 모임에 함께 할 경우, 평일 저녁이나 주말에 모임을 진행하는 것을 추천하며, 셀 전체 만남은 평일보다는 토요일이 가장 적당합니다.

8월 사역

여름 방학이 중간을 넘어서고 개강이 다가오는 시기이자 월말에는 타지 인원들이 개강으로 인해 다시 타지로 돌아가기 시작합니다.

8월에는 셀 아웃팅과 더불어 여름 수련회가 있을 수 있음으로 여름 수련회와 아웃팅의 날짜가 겹치지 않도록 주의해야 합니다. 그리고 1박 2일 아웃팅의 경우 요일로 따지자면 금요일에 시작해 토요일에 끝나는 것으로 일정을 잡아야 대학생들의 경우는 알바,

직장인의 경우는 근무에 최대한 지장을 안 주고 진행할 수 있습니다. 만약 연차나 휴가를 조정하지 못한 이들의 경우 어쩔 수 없이 퇴근 후 저녁에 합류해야 합니다.

셀 아웃팅에는 1박 2일 풀캉스를 하는 것을 추천합니다. 물놀이와 편안한 잠자리로 모두 휴식을 취하고, 저녁에는 바비큐 파티로 만찬을 즐기면 더욱 좋습니다.

아웃팅에서는 나눔을 절대로 빼놓으면 안 됩니다. 최근 근황부터 시작해 이전의 1학기는 어떠했는지와 신앙생활에 대한 이야기를 전부 나누고 함께 울고 웃으며 위로해 주고 격려해 주는 시간이 필요합니다. 그리고 지금까지 잘 달려온 셀원들을 위로하고 칭찬하며 2학기에 다시 나아갈 셀원들을 격려하고, 특히 타지로 돌아가는 셀원들을 독려해야 합니다. 그래서 개강 한 달 전인 8월이 셀 아웃팅 기간으로 아주 적당합니다.

하룻밤 잘 놀고 나눴다면 다음날 집으로 돌아가는 길에 넓은 카페에 가서 다과를 즐기면서 겨울 아웃팅과 겨울 단체 모임에 대해 의논해 봐도 좋습니다.

아웃팅과 여름 수련회가 진행되었다면 8월 중순이기에 이제는 사실상 여름 프로그램이 다 끝난 것과 다름이 없으며 8월 중순이면 타지 셀원이 2학기 개강을 위해 다시 타지로 돌아갈 준비 시간이 필요하기 때문에 더 이상의 모임은 어렵습니다.

8월 중순부터는 모임을 중지하고 한 학기를 맞이할 준비를 하며, 매주 주일 모임 시 타지로 돌아가는 셀원들을 격려하는 시간을 가져야 합니다.

9월 사역

개강과 동시에 2학기가 본격적으로 시작됩니다. 3월과 비슷하게 학교생활이 시작되는 시기이자 타지 셀원이 거의 없는 시기로 현지에 남아있는 셀원끼리 더욱 돈독해질 수 있는 시기입니다.

매주 교회에 나오는 인원들을 집중적으로 챙겨야 하며 활동으로는 강의 시간표에 따라 시간과 날짜가 각자 다르기에 한 번에 만날 수 있는 인원이 적을 수 있음으로 3인 만남을 진행하는 것이 좋으나 2학기는 1학기에 비해 비교적 빠르게 지나갈 것이기에 시간과 일정이 허락 시 그룹 만남을 하시기를 권장합니다.

간단한 나눔 거리로 2학기 시작을 나누거나 오랜만에 학교 간 기분과 느낌과 같은 가벼운 주제로 나누는 것을 추천합니다. 그리고 10월 초부터는 과제와 시험으로 지치며, 2학기는 1학기와 다르게 시간이 짧고 빠르게 지나가는 것을 체감하게 될 것임을 이야기해 줌으로 마음의 준비를 단단히 할 것을 당부해야 합니다.

10월이 되면 중간고사, 과제 등 여러 부분에서 바쁘고 지치기에

9월에 가능하면 모임을 자주 진행하여 셀원이 조금이나마 덜 지치며 에너지를 비축할 수 있도록 도와야 합니다.

3월과 마찬가지로 현지에 있는 셀원과 모임을 지속하되 타지 셀원도 빼놓아서는 안 됩니다. 타지 인원들에게도 연락하여 어떻게 지내는 지와 2학기 학교생활에 대해 파악하여야 합니다.

04 4분기: 끝맺음을 아름답고 풍성하게 하라

10월 사역

개강한 지 한 달이 지나 과제와 중간고사로 조금씩 셀원이 지쳐가는 시기입니다. 1학기와 달리 2학기는 중간고사와 기말고사를 일찍 치르며 더 짧은 기간에 과제와 팀플을 해야 하기에 1학기보다 더욱 지쳐갑니다. 10월 중순이나 말에 있을 중간고사가 끝나면 얼마 안 있어, 또 기말을 대비해야 합니다.

중간고사가 끝나면 그룹 만남을 다시 시작하되, 셀원들이 원치 않는 이상 나눔은 제외하고 맛있는 식사와 즐길 수 있는 프로그램으로 함께 하는 것이 좋습니다.

☑ 주의사항

10월 첫째 주부터 셋째 주 까지는 시험 준비 및 시험 기간이라 현실적으로 나눔이 어려우니 이 시기에는 셀원들이 공부에만 집중할 수 있도록 주일마다 있는 셀 모임 외에 다른 모임은 중지하고, 셀장도 직장인이라면 중간고사 끝날 때까지 좀 쉬는 시간을 가지거나 대학생이라면 중간고사와 과제에 집중하는 편이 좋으며 만남은 중간고사가 끝난 셀원부터 시작하시는 편이 좋습니다.

11월 사역

중간고사가 끝나고 난 후 12월 초나 중순에 시작되는 기말고사로 인해 짧게는 2주(11월 중순까지) 길게는 3주(11월 말까지)의 여유가 있는 시기이지만 팀플과 과제가 많거나 졸업반인 셀원의 경우 이때 여유를 누리기는 정말 어렵습니다.

팀플과 과제, 기말고사 준비로 인해 매우 바쁘고 시간이 가장 빠르게 지나가는 시기이며 2학기가 1학기에 비해 굉장히 빠르고 짧음을 가장 크게 실감하는 시기입니다.

중간고사가 끝나는 10월 중순이나 말부터 11월 초나 중순까지 셀원은 여유가 있을 수 있으나 이마저도 과제와 팀플이 있다면 여유를 가지기가 어렵습니다.

사실상 만남이 어렵기에 시간이 되거나 여유 있는 셀원, 직장인 셀원, 대학생이 아닌 셀원들과 만남을 이어가는 편이 좋으며 직장인들이 아닌 대학생 셀원과의 만남이라면 나눔은 생략하시고 쉬고 놀 수 있는 분위기를 만드시는 편이 좋습니다.

만약 셀장도 대학생이라면 11월 셋째 주(기말고사 2~3주 전)부터는 모임을 멈추고 학업과 과제에 집중하는 것이 좋습니다.

하지만 만남이 어렵다고 해서 손을 놓고만 있을 수는 없습니다. 만남이 어려운 셀원의 경우 연락으로 독려하거나 기프티콘만 보내주는 것이 좋으며, 주일에 있을 셀 모임이나 전화나 카톡으로 연락하며 12월의 겨울방학과 프로그램을 이야기하며 독려하는 것이 좋습니다.

12월 사역

기말고사가 끝나고 겨울방학이 시작되며 한 해를 돌아보고 마무리하는 시기입니다. 이 시기는 그룹 만남도 좋지만, 단체로 하는 겨울 프로그램을 진행하는 것이 좋습니다. 당일치기가 가능한 연말 파티, 뷔페, 레스토랑 식사 후 카페에서 마지막 나눔을 하시기를 추천합니다.

1박 2일 호캉스도 괜찮지만, 12월 초나 중순에 종강 후 마지막 날까지 프로그램을 진행할 기간도 짧고, 2학기인 9월부터 12월까지 재정 준비 기간도 짧기에 호캉스를 갈 시간이나 재정을 준비하기가 사실상 많이 벅차기에 1박 2일의 아웃팅은 추천하지 않습니다.

나눔을 통해 한 해를 돌아보며 그동안 어땠는지에 대해 이야기하고 고마웠고 미안했던 것들, 그리고 다음 세대를 위한 독려와 사명과 비전, 내년의 교회 생활 및 신앙생활에 대해 독려해야 합니다.

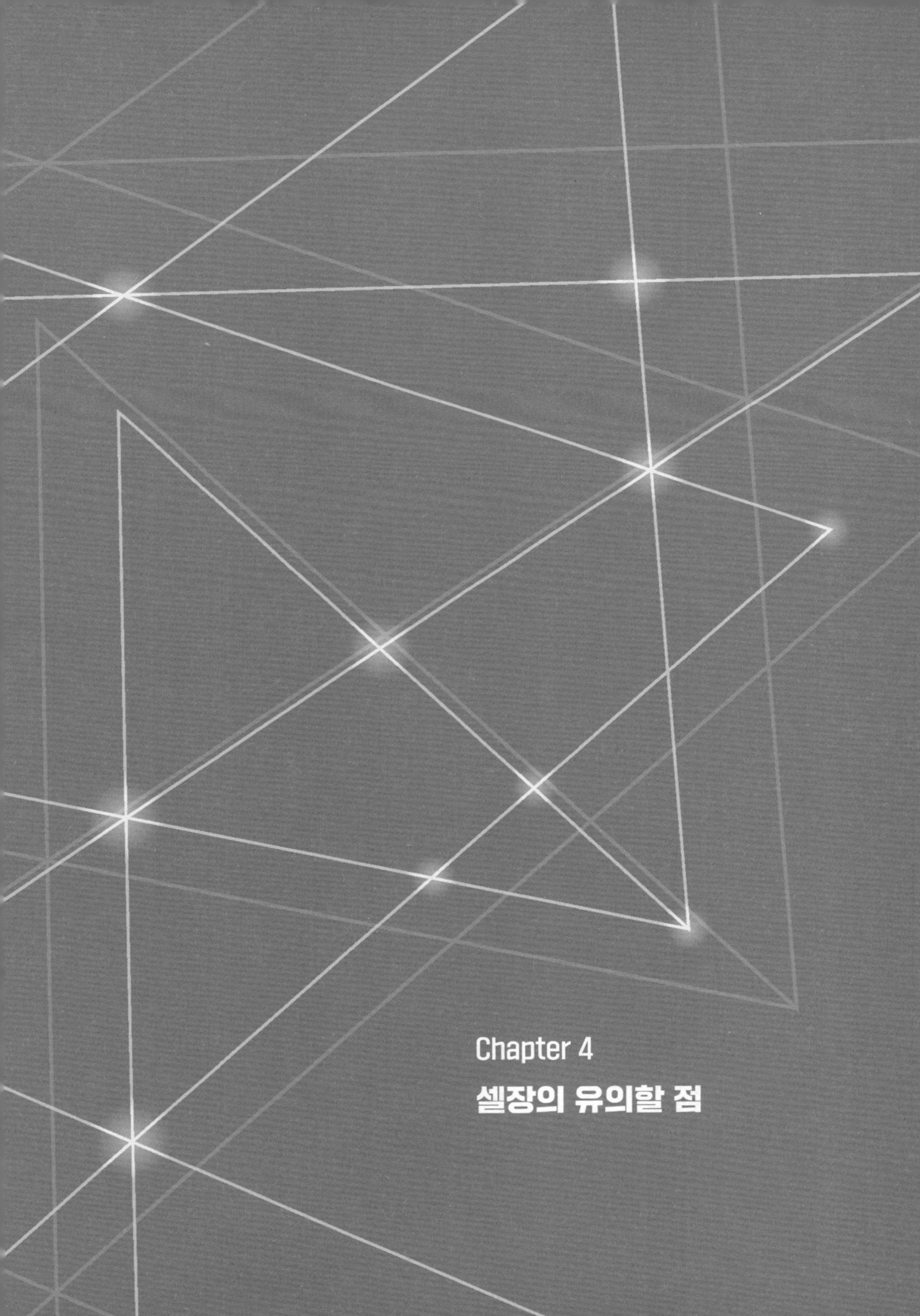

Chapter 4

셀장의 유의할 점

전지적 셀장 시점

01 초기에 면담과 만남이 중요하다

꼭 1 대 1, 1 대 2 첫 만남을 먼저 진행하라는 법은 없습니다. 기존에 잘 알거나 친한 셀원이면 1 대 1 면담을 바로 진행해도 되겠지만, 처음 만나거나 아직 잘 모르는 셀원, 좀 서먹한 셀원이면 그룹 만남을 먼저 한 후 좀 더 가까워진 후에 면담을 나중에 해도 괜찮습니다. 단 늦어도 2월 중순 안으로 끝내시길 바랍니다.

만약 1~2월에 각각 만남을 한 번이라도 진행하지 못하면 셀원이 무엇을 원하고 하고 싶은지 어떠한 상황과 처지에 놓여있는지 파악이 안 되기에 앞으로의 모임 주도가 점점 어려워지고 최악으로 매주 만나는 셀원과 셀장 간의 사이가 어색해질 수 있습니다. 더 나아가 셀원이 경제적으로 어려운 시기에 교회와 공동체 내에서 자체적으로 도와줄 수 없음을 기억하셔야 합니다.

02 셀원에게 보상을 기대하지 말라

섬기고 수고하며 헌신한 대가와 보상을 셀원으로부터 받으려 한다면 그것은 정말로 잘못된 것입니다. 하지만 열심히 헌신하고 섬겼음에도 불구하고 아무도 셀장의 기념일 즉 생일 등을 몰라주면 셀장의 형편에서는 마음이 상할 수 있습니다.

경험담을 이야기하면 저의 생일은 12월로 셀장으로서 섬김이 거의 막바지인 기간이자 연말 아웃팅이 약 2주 정도 남은 시기였습니다. 생일 때 셀원에게 뭔가 받을 생각은 하지 않았지만 '생일 축하 연락은 해주지 않을까?'라는 기대를 했었습니다.

하지만 저의 생일을 축하한다고 연락을 주는 셀원은 단 한 명도 없었습니다. 그래서 다른 셀원들의 생일 축하와 선물을 받아도 시무룩하고 서운한 마음이 가시질 않은 탓에 12월 마지막 연말 모임을 아예 무산시킬 생각까지 했었습니다.

그러다 생일이 일주일이 지난 시점에 셀원 두 명이 감사하게도 저의 생일을 챙겨줬습니다. 한 명은 맛있는 식사를 한 명은 여행을 다녀오면서 맛있는 간식을 사주었습니다. 아직 서운한 마음이 남았지만 지금 생각해 보면 저도 참 속 좁고 부족한 사람임을 실감합니다.

그때 셀원 들 중 아무도 제 생일을 챙겨주지 않은 사건을 통해 하나님께서 '너는 셀원들을 섬기는 것이 아닌 나 하나님을 섬기는 것이다'라고 말씀해 주시는 것은 아니었나 싶습니다.

셀장분들은 사람을 섬기고 사람을 위해 헌신하는 것보다는 하나님을 섬기고 하나님께 헌신한다는 사실을 아셔야 합니다. 그러기에 셀원이 셀장을 챙겨주는 것은 당연한 것이 아닌 과분한 것이며, 감사한 일입니다.

셀원에게 괜한 기대를 하셨다가 저와 같이 다른 이들에게 많은 축하와 선물을 받아도 셀원에게 축하받지 못해 가장 기쁘고 감사한 생일날에 상처받거나 서운해하는 일은 없었으면 합니다. 그 아픔은 저 하나로 족합니다. 그리고 하나님을 위해 수고하고 헌신하며 섬기신 여러분들이라면 그 수고는 하나님께서 아시고 기억하시며 보상해 주실 것입니다.

'리더는 키워낸 사람으로 평가받는다.'라는 말이 있습니다. 만약 셀원을 통해 얻을 수 있는 보상이 있다면 여러분 곁에 있는 셀원이 앞으로 신앙과 믿음 그리고 사회 속에서 더 성숙되고 하나님의 은혜와 사랑 안에서 동행하며 신앙의 공동체 속에서 더 잘 어울리고 훗날 여러분처럼 훌륭한 셀장이 되어 하나님과 공동체, 주변 사람들을 위해 수고하고 헌신하며 섬기는 사람이 되는 것이 최고의 보상이지 않을까 싶습니다.

"주어라, 그러면 너희에게도 주어질 것이다. 되를 누르고 흔들어 넘치도록 재어서 너희의 품에 안겨주실 것이다. 너희가 남에게 줄 때에 잰 분량만큼 너희가 도로 받을 것이다."(쉬운성경 눅 6:38)

이 말씀을 통해 셀장 혹은 리더들의 수고와 헌신과 섬김은 하나님이 아신다는 것을 기억해 주셨으면 합니다.

03 만남과 교제를 지속하라

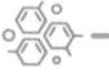

교회는 90%가 만남과 나눔, 식사와 교제로 만들어진다는 말이 있습니다. 교회에서 함께 예배드리는 것도 중요하지만 이전에 소그룹 모임의 중요성에서 말씀을 드렸다시피 예배 이후 평일에 만남과 교제는 셀과 공동체를 더 활성화할 수 있는 훌륭한 방법입니다.

그러나 만남과 교제가 제대로 이어지지 못한다면 어떻게 될까요? 관계 형성과 앞으로의 여러 행사는 둘째 치고 공동체 자체의 의미가 없어집니다. 그냥 매주 얼굴만 보고 가는 사이가 되어 분기마다 셀 모임 때 한 번 만나 친교 하면 끝인 관계가 되어버릴 수 있습니다.

함께 예배드릴 사람이 없거나 예배 후 함께 할 사람이 없어서 예배 자체를 드리러 오지 않는 사람도 있을 수 있습니다. 이렇게 안타까운 사례가 실제로 존재합니다. 누군가 소외되거나 외로운 감정 때문에 예배를 피하는 일이 없도록 평소에 만남과 교제를 함께 지속하는 것이 좋습니다.

만남 시 시간과 상황이 허락하는 시기에 나눔은 필수입니다. 그냥 먹고 친교 하는 것은 누구든지 돈만 있으면 할 수 있는 일입니다. 셀 모임은 마냥 먹고 친교 하는 것만은 아닙니다. 세상과 달라야 합니다. 그리고 나눔 시 세상 이야기보다는 진지한 나눔과 예수님 이야기나 성경 이야기 그리고 간증이 있다면 좋습니다.

마지막으로 만남과 교제, 나눔이 사라진다면 다음 세대를 절대로 기대할 수 없음을 기억해 주셨으면 합니다.

04 만남에서 비용 내기는 금하라

모임 중 종종, 내기를 하는 경우가 많습니다. 내기의 경우 "그냥 재미로 하자."라고 할 수 있으나 내기에 걸려서 계산하는 사람의 입장은 정말 부담입니다. 그것도 한 명도 아니라 최소 3인분에서 많게는 7~8인분까지 부담해야 한다면 어떤 기분일까요?

아이스크림이 인당 천 원에서 2천 원 정도의 금액이라면 아무리 인원이 많아도 2만 원 안쪽이지만, 편히 앉아서 커피 마시며 이야기할 수 있는 카페는 커피 한 잔 가격이 4천 원부터 시작인 곳이 대부분입니다. 카페에서 제일 싼 아메리카노가 4천 원인데 과연 다들 아메리카노만 마시며 이야기할 수 있을까요? 그렇지 않습니다.

카페모카, 카푸치노, 캬라멜마키아토, 프라푸치노, 과일 주스, 여러 종류의 티 등등 최소 5천 원이 넘나드는 가격의 음료들을 고를 것이며 더 나아가 케이크가 맛있어 보인다면 케이크와 빵, 또는 쿠

키도 그냥 지나칠 수 없죠. 이러하다면 커피가 최소 4천 원이라 해도 3인 이상이면 최소 만 2천 원, 7명이 간다면 최소 2만 8천 원, 10명이라면 최소 4만 원입니다.

'그리 크지 않은데요?'라고 생각할 수 있습니다. 그러나 방금 제시한 금액들은 최소 금액이며, 그리 크지 않는 금액이 누군가에게는 당장 내일 먹고 살기 위해 필요한 식비일 수 있습니다. 내기에 걸렸을 경우 직장인과 대학생으로 나누어 생각해 보겠습니다.

먼저 '직장인이 내기에 걸렸다면 그리 부담이 크지 않을 수도 있지 않냐?'고 하실 수 있습니다. 그러나 직장인만 걸릴 거라는 보장도 없으며 '대학부'나 '대학 청년부'라는 부서는 직장인보다는 대학생의 수가 더 많을 것이기에 대학생이 내기에 걸릴 확률이 더 높습니다.

혹여 직장인이 걸릴 경우 몇몇은 '돈 버시니까 부담 안 되시겠지'라고 생각해 비싼 걸 고를 수도 있습니다. 그러나 직장인이라도 몇 인분의 금액은 부담입니다.

대학생 못지않게 직장인들도 적금과 생활비, 월세, 보험과 통신료, 교통비, 어른이자 직장인으로서 지켜야 하는 행위로 나가는 지출(부모님 용돈, 경조사) 등등 여러 부분에서 돈 관리를 철저히 해 나가는 사회인임을 알아주셔야 합니다.

직장인도 이러한데 대학생의 입장은 오죽할까요? 더군다나 한 부모 가정이나 부모가 계시지 않음으로 인해 등록금과 생활비가 부족하거나, 최악의 경우 등록금과 생활비가 없어 스스로 알바를 해서 공부해야 하는 셀원이 내기에 걸린다면 어떨까요? 정말 상상도 하기 싫습니다. 거의 죽을 맛일 겁니다. 부담감으로 인해 다시는 만남의 자리에 참석을 안 하고 싶을 수도 있을 겁니다.

만날 때마다 계속 내기하자는 셀원이 있을 수 있는데 그런 셀원은 말리시길 바랍니다. 말렸음에도 불구하고 "나만 아니면 돼 너만 아니면 괜찮아"라는 무책임한 말을 하는 셀원에게 내기하면 안 되는 이유를 알려주고 권면해 주기 바랍니다.

커피의 경우 각자 계산하거나 가끔 셀장이 계산하거나, 셀장이 식사를 계산한 날에는 셀원들이 커피를 각자 계산하는 방향으로, 섬기고 싶어 하는 셀원이 있다면 섬길 수 있게 해주시길 바랍니다.

05 소외된 이들을 돌보라

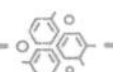

셀 전체 만남이나 그룹 만남에서는 나눔보다는 다른 활동으로 인해 친목 도모가 목적이 될 가능성이 높습니다. 이러한 경우 친한 지체들과 연인들의 경우 함께 하고 싶은 셀원이 있을 수 있습니다. 물론 모임 시 다른 인원을 추가해도 나쁘지는 않습니다. 사람들이 많아 여러 사람들을 두루 만날 수 있으며 분위기도 더 밝아질 수 있기 때문이죠, 그러나 저는 딱히 추천하지 않습니다. 그 이유는 주의할 점 몇 가지가 있기 때문입니다.

먼저 모임 내부에서 소외되는 이들이 없도록 셀장이 신경을 써야 합니다. 만약 친한 셀원끼리 모여 이야기 하거나 카페에서 간단하게 일상에 대해 나눌 시 본인도 모르게 친한 셀원과 분리되어 수다를 떨게 될 수 있습니다. 이런 경우 누군가는 소외될 가능성이 분명히 있습니다.

소외된 셀원의 마음은 어떨까요? '추가 인원을 굳이 끼워야 하나? 다들 재밌게 이야기하고 교제하는데 나는 왜 혼자 있는 느낌이지? 셀 모임인데 나는 왜 다른 이들과 친하게 이야기하지 못하는가?','다른 셀원들을 끼우려면 기존 셀원의 동의를 먼저 받아야 하는 거 같은데 내 의견은 그냥 묵살되는 건가?'라는 생각과 느낌을 받아 셀 모임 자리가 불편할 수 있습니다.

셀장이 이러한 상황을 눈치 채지 못하여 상처받는 셀원이 생길 수 있습니다. 이를 해명하지 못하거나 셀원의 마음을 알아주지 못할 때 소외된 셀원이 셀에 대한 반감을 가질 수 있습니다.

또 한 가지로 모임 외부의 사람들을 신경 써야 합니다. 평소에 공동체 내에서 혼자 있거나, 초대받지 못하여 소외되는 사람들도 분명히 있을 텐데 그러한 이들은 '나도 같이 교제하고 싶은데 초대받지 못했다'라는 생각에 서운할 수 있습니다. 이는 셀 모임에서 인원을 추가하는 행위로 인해 또 다른 누군가가 시험에 들 수 있다는 것입니다. 이 부분을 놓쳐서는 안 됩니다.

06 주일 성수를 지켜라

대형 교회나 혹은 청년부의 체계가 잘 잡혀 있는 교회의 경우 주일 청년부 예배가 끝난 후 셀 모임 시간이 짧으면 40분 정도이며 보통 한 시간이 넘어간다고 합니다.

그러한 교회는 셀장 매뉴얼이 만들어져 있으며 셀장들 간의 모임과 회의하는 시간이 따로 있다고 합니다. 이렇게 체계가 잘 잡혀 있는 교회의 셀장이 이유 없이 주일 예배를 빠질까요? 아뇨 그렇지 않을 것입니다. 주일 성수는 물론이며 셀장간의 모임과 회의 또한 아무런 사유 없이 빠지는 것은 안 된다고 합니다.

셀장이 주말에 직장 일 혹은 전공에 대한 교육, 중요한 시험(토익 등)으로 인해 주일 예배를 빠지는 것은 어쩔 수 없지만, 다른 이유로 주일 예배에 빠지는 것은 딱히 좋다고는 말씀드릴 수 없습니다.

셀장 혹은 리더임에도 불구하고 주일에 놀러 간다거나 연애를 하시는 분들이 의외로 많습니다. 제가 몇몇 분들을 의도치 않게 겨냥했다거나 자극했다면 죄송합니다. 그럴 의도는 없었습니다. 그러나 이러한 경우 그리스도인으로서 기본자세를 못 지키는 것은 물론이며 돌봐야 할 셀원을 팽개쳐 버리는 것과 다름이 없습니다.

십계명 중 '안식일을 기억하여 거룩하게 지키라'라는 4계명을 생각하고 지키시기를 권고를 드립니다. 주일 예배는 단순히 시간을 때우는 것이 아닌 하나님 앞에서 한 주간의 삶을 내려놓고 돌아보며 하나님께 시간을 드리고 하나님과 1 대 1로 만나며 전적으로 가까워지는 시간임을 기억해 주시길 바랍니다.

보통 체계가 잘 잡혀 있지 못한 교회의 경우 셀 모임 시간이 20분~30분으로 정말 짧거나 간혹 셀 모임이 없는 주도 있을 수 있습니다. 이 경우 나눔은 말할 것도 없으며 최근 근황 또한 서로 친한 셀원만 나누게 되는 경우가 있습니다. 결정적으로 셀 내부의 무게감과 셀장이라는 직분 또한 가벼워져서 셀에 대한 책임감이 사라져버리게 되는 것입니다.

이렇게 된다면 다음에 셀장을 맡은 이들 또한 책임감을 느끼고 섬김을 이어갈 수 없습니다. '이전 셀장도 대충 하던데 나도 대충하지 뭐','셀장 없어도 상관없던데? 셀장이 하는 게 뭐 있어?'라는 식으로요.

아무리 체계가 잡혀 있지 않더라도 무게감과 책임감을 느끼고 주일 성수와 주일 셀 모임을 지키시길 바랍니다. 체계를 바꾸기는 어렵지만 그렇다고 손을 놓고 만은 있을 수는 없으니까요.

"네 양 떼의 형편을 부지런히 살피며 네 소 떼에게 마음을 두라"(잠 27:23)

이 말씀을 기억하시고 셀장, 혹은 리더로써 책임감을 느끼고 셀원들을 보살펴 주시길 바랍니다.

07 함께 하기 어려우면 기도하라

많은 사람들 중에서 이야기만 하면 부정적인 생각과 언행, 우울한 이야기만 골라서 늘어놓는 사람들이 있습니다. 또 다른 부류로 나눔 시 어떤 주제가 나올지 잘 모르면서 아는 척 하면서 자랑하는 사람도 있는가 하면, 자신의 의견과 생각이 전부 맞는 것처럼 우기는 사람도 있습니다.

이런 사람들 때문에 화기애애하고 밝았던 분위기마저 싸해지거나 이야기를 꺼낸 사람은 '내가 잘못 했나?'라며 무안스러워 고개를 못 드는 경우가 있습니다.

위의 부류는 일부만 말씀드린 것이며 더한 사람들도 많을 것입니다. 이러한 사람들이 정말 부담이고 함께 하고 싶지 않은 거 잘 압니다. 더 가슴 아픈 현실은 이런 사람들이 교회에도 제법 있다는 사실입니다. 그러나 이는 어쩔 수 없습니다. 교회에는 예수님을 만남으로써 상처받고 어려운 사람들이 나아지고 고침 받기 위한 곳이기도 하기 때문입니다.

최근 들어 많은 베스트셀러나 자존감, 대인관계의 책에서 위와 같은 사람들을 끊어내고 손절하라고 말합니다. 저 또한 이러한 부분에서 동의하는 편입니다. 우스갯소리로 '역지사지(易地思之)'라는 사자성어는 '상대편 형편에서 먼저 생각해 봐라.'라는 뜻인데 '사람은 역으로 지랄을 해줘야 자기 일인 줄 안다'라는 뜻으로 바뀌었습니다.

'세상에 많은 좋은 사람들이 자존감이 낮거나 사랑받지 못한 사람들에게 얼마나 상처받고 힘든 일들을 겪었으면 저런 말이 다 나올까?'라는 생각이 듭니다.

하지만 여기서 한 가지 짚고 넘어가야 할 것이 있습니다.

"사랑하는 사람만 사랑한다면 무슨 상을 받을 수 있겠느냐? 심지어 세리도 그만큼은 하지 않느냐? 만일 너희가 형제들에게만 인사한다면, 다른 사람들보다 너희가 더 나을 것이 무엇이냐? 심지어 이방 사람들도 그만큼은 하지 않느냐?"(쉬운성경 마 6:46-47)

좋아하는 사람만 챙기고 사랑하는 일은 누구나 할 수 있습니다. '주변 사람들을 잘 챙기는 사람이다'라는 말은 저도 듣습니다. 그러나 원수와 싫어하는 사람들을 챙기고 사랑하는 일은 어렵습니다. 저도 이 부분이 정말 어렵습니다.

교회에서 서로 좋아하는 사람들과만 만나 어울리면 어떻게 될까요?

간혹 '교회에서 좋아하는 사람들끼리만 모여 노는 게 그렇게 나쁜 거야?'라고 말씀하시는 분들이 계신 데 사실 그대로 말씀드리자면, 네 그거 나쁜 거 맞습니다. 예수님께서 '이방인들도 그만큼은 한다'라고 말씀하신 것처럼 세상 사람들도 다 그만큼은 할 수 있다는 이야기입니다.

게다가 제가 느낀 바로 세상에는 교회 사람들보다 더 잘 챙겨주고 잘해주는 분들이 훨씬 더 많아 교회보다 세상이 더 좋을 때가 정말 많았으며 세상이 교회보다 더 따듯한 면도 정말 많았습니다.

공동체를 대상으로 현실적으로 볼 때 좋아하고 친한 사람들과만 모인다면 처음에는 좋겠지만 무리가 형성되어 버리게 됩니다. 그렇게 되면 무리대로 사람들은 나뉘고 무리를 형성하지 못하거나 끼지 못하는 이들은 소외될 수밖에 없습니다. 결국 인원이 줄게 되며 최악의 경우 그룹끼리 다툼과 싸움이 일어난다면 이는 걷잡을 수 없습니다. 즉 공동체의 파멸의 길로 가는 행위입니다.

그러기에 예수님께서 죄인인 우리를 위해 이 땅에 오신 것과 같이 예수님의 마음을 닮아 부담이 가고 함께하기 싫은 셀원이 있더라도 함께 해야 하며 그 셀원이 잘 성숙하고 스스로 돌아볼 수 있도록 보듬어 줘야 합니다.

만약 그러하기 너무 벅차다면 따로 기도만 하셔도 좋습니다. 다만 그 셀원을 향한 험담을 하시면 안 되며 소외시키는 행위는 더더욱 안 됩니다. 누군가를 향한 험담과 이간질은 공동체 쇠퇴의 길임과 한 영혼을 예수님과 멀어지게 만들 수도 있다는 점을 기억하셔야 합니다.

"너는 이웃과 다투거든 변론만 남기고 남의 은밀한 일은 누설하지 말라 듣는 자가 너를 꾸짖을 터이고 너에 대한 악평이 너를 떠나지 아니할까 두려우니라"(잠 25:9)

혹여 셀원과 다투었다면 그 자리에서 변론만 남기고 둘이 조용히 해결하며, 그의 약점이나 비밀을 누설하지 말고 다툼의 이야기와 내용을 다른 사람에게 말하지 말라는 이야기입니다. 더불어 '허물은 가리고 용서하며 화평하라'는 뜻도 있습니다.

정말 마음에 안 들고 늘 부담이며 부정적인 셀원이 성숙할 수 있도록 도움을 주면 참 좋겠지만 너무 어려우시다면 기도만 해주시고 하나님께 맡겨 드리십시오. 그러나 험담과 선동은 안 됩니다.

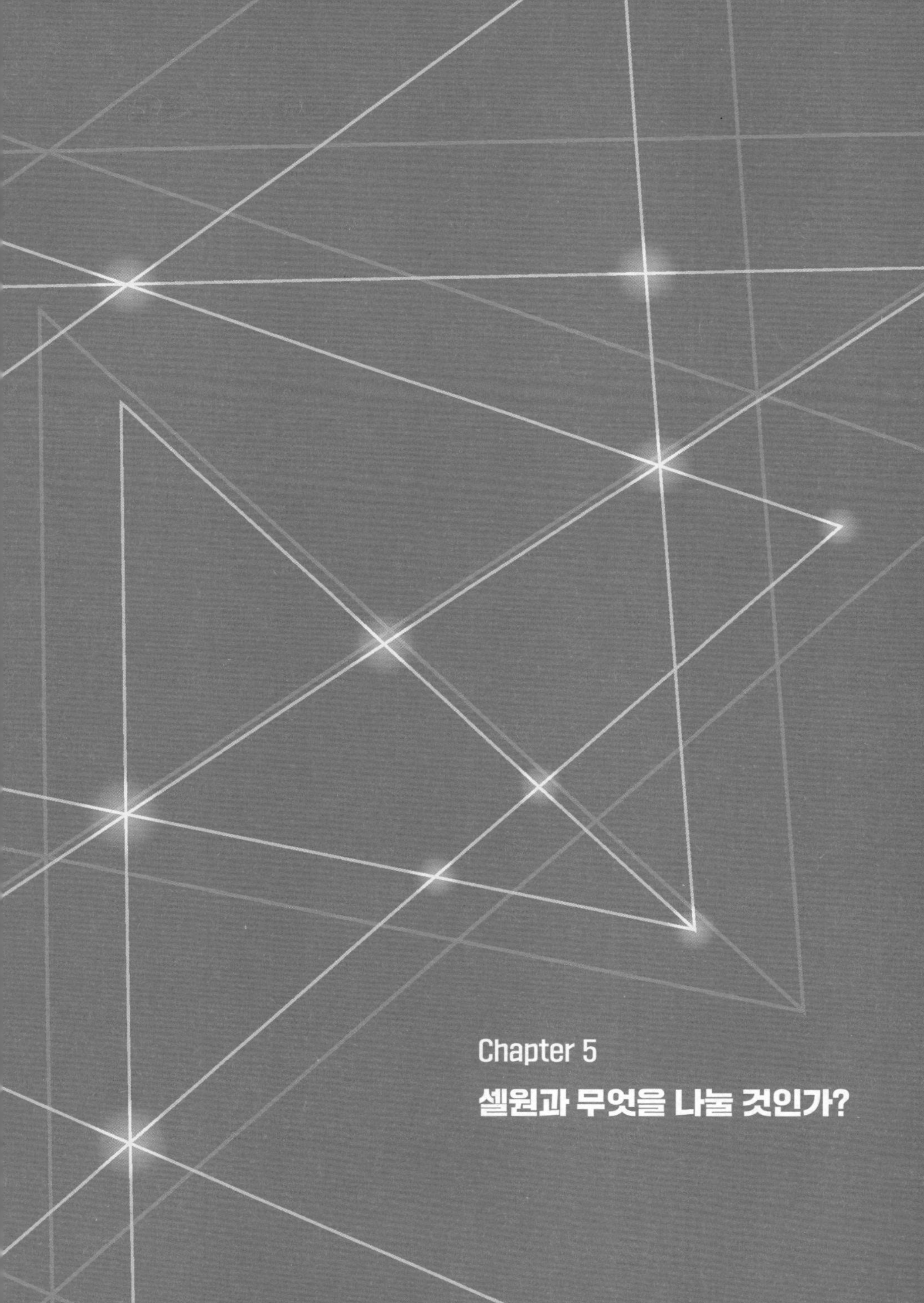

Chapter 5

셀원과 무엇을 나눌 것인가?

전지적 셀장 시점

“선한 일을 하도록 노력하며, 베푸는 가운데 부유함을 누리도록 그들을 가르치십시오. 나눠 주고 베풀 때에 맛볼 수 있는 참 기쁨을 말해 주십시오”(쉬운 성경 딤전 6:18)

이 구절에서 관대함에 대한 표현은 재정적인 면에 대해서만 제한해서 말하지 않습니다. 하지만 일부 사람들의 생각처럼 돈을 주는 것만큼 시간을 나누는 것도 중요하다고 말하고 있는 것도 아닙니다.

우리는 순종의 한 영역을 다른 영역을 대신해서 선택해서는 안 됩니다. 우리는 자발적으로 우리의 시간, 에너지, 기술, 지혜 그리고 돈과 소유를 하나님께 드리고 다른 사람들과 나누어야 합니다.

물론 모든 자원의 나눔이 필요하지 않을 수 있으며, 항상 완전한 균형을 이룰 수 없을 것입니다. 때때로 돈이나 소유보다 시간을 더 나누거나 더 많은 에너지와 지혜와 기술을 나눌 수 있습니다.

특별히 도움이 필요한 사람들과 멀리 떨어져 살 때는 시간보다는 돈을 더 많이 줄 것입니다. 우리는 모두 각자 고민하는 영역에서 성장할 필요가 있습니다.

《랜디 알콘의 기빙》에서 이렇게 말합니다.

나의 시간을 드리고 해야 할 일에 앞서 도움이 필요한 사람들을 도울 때마다, 나는 하나님께서 즐거워하시는 것을 느꼈다.

여러 면에서 고민과 도움이 필요한 셀원들이 많으며, 셀원마다 필요가 다 다르고 다양할 것입니다.

대학생이라면 함께 할 사람, 누군가와 즐겁게 보낼 시간이 필요하며 전공과 학업에 대한 고민이 있을 것입니다. 그리고 아직 대학 진학을 하지 못했거나 전공을 선택하지 못한 이들에게는 진로의 고민이 있습니다. 더 나아가 대부분의 20대 지체들은 재정적인 부담이 대부분 있을 것입니다.

즉 돈, 함께 할 사람, 시간이 전부 필요하다는 것입니다.

재정 영역에서 먼저 살펴볼까요? 일상생활이 어려운 지체들은 그리 많지는 않을 겁니다. 하지만 늘 풍족하진 않기에 셀 내에서 진행되는 모임에서 사용되는 비용(식사비나 커피값)이 셀원의 처지에서 부담될 수 있고 빠듯할 수 있습니다. 셀장은 어떨까요? 대학생 셀장도 재정이 많지 않으며, 직장인 또한 고정적인 수입이 있더라도 여러 지출 요소로 인해 재정이 넉넉하지는 않습니다.

시간 영역에서도 살펴볼까요? 셀원들이 보통 대학생이기에 셀원에 대한 시간 영역 설명은 생략하겠습니다. 셀장 또한 대학생 혹은 직장인일 것입니다. 설사 대학생이라 하더라도 보통 셀원들에 비해 나이가 많고 학년이 높기에 셀원들보다 시간이 많지 않습니다. 직장인들도 저녁과 주말이 아닌 이상 시간이 없을 것입니다.

안 그래도 바쁜 일상과 빠듯한 재정 상황에서 살아가는 우리의 모습을 빗대어 볼 때, 시간과 재정 모든 영역에서 보면 참 비효율적이며 힘들다는 생각이 듭니다.

하지만, 열정과 관심이 없다면 돈과 시간을 할애하지 않습니다.

돈을 나누기 어렵지만, 시간 또한 마음을 먹지 않는 이상 돈보다 나누기가 더더욱 어렵습니다. 돈과 시간을 나누는 것도 맞긴 하지만 전적으로 셀원들을 위해 마음을 많이 써야 합니다.

재정 영역에서 식사 교제와 나눔 시에 필요한 식사비와 커피값 등은 셀장이 자주 섬기는 것이 좋습니다. 하지만 만날 때마다 전부 계산하라는 뜻은 아닙니다. 식사를 셀장이 섬겼다면 셀원들에게 디저트를 섬길 기회를 주거나 셀원들이 식사를 섬기고 싶어 한다면 셀장이 커피를 섬기면 됩니다.

시간 영역에서 저 또한 직장 생활과 대학원 공부를 병행하면서 셀장으로 섬겼습니다. 보통 여유가 있을 때 셀원들과 만나 교제하려고 애썼으며 보통 평일 저녁 시간을 할애하거나 주말 시간을 이용하여 진행했습니다. 즉 셀원마다 만남이 급하고 필요한 순서를 정해 여유 있는 시간을 최대한으로 활용하여 만남과 모임을 진행해야 합니다.

01 시간을 나눠라

대학생과 직장인들이 바쁘다는 사실은 누구나 다 알고 있습니다. 대학생들은 수업과 과제, 팀플 및 발표 그리고 중간 및 기말고사로 분주할 것이며 직장인들의 경우 직장 생활 속에서의 업무와 프로젝트, 직업교육과 공부, 개개인의 자기 계발로 분주할 것입니다. 이렇게 바쁜 가운데 개인의 여유를 찾기 쉽지 않기에 셀원들을 위해 시간의 할애가 어려울 것입니다.

《청년아 울더라도 뿌려야 한다》에서 이렇게 말합니다.

"한 청년이 강둑에 앉아 밤을 지내며 쳐다보고 있었다. 그는 콧노래를 부르며 손에 잡히는 대로 돌멩이를 집어 재미 삼아 강물에 던졌다. 한 개를 던지고 두 개, 세 개 그렇게 밤새도록 던졌다. 드디어 날이 밝았다. 그는 마지막으로 남은 돌멩이를 던지려고 집어 들었다. 그런데 이게 웬일인가? 손안에 들어 있는 것은 돌멩이가 아니라 황금 덩어리였다. 그는 밤새도록 그 귀중한 황금을 전부 강물로 던져버린 것이다."

아무런 목적이나 올바른 분배 없이 시간을 그냥 막 써버린다는 것은 위의 내용과 다를 것이 없습니다. '시간은 흘려보내는 사람에게는 한없이 무가치하지만, 유용하게 관리하고 지배하는 사람에게는 최고의 자원이다.'라는 말이 있습니다. 저는 셀 모임, 대학원 수업 및 과제, 직장생활에서 하나도 놓치지 않기 위해 시간 관리에 많은 힘을 썼습니다.

시간은 돈보다 더 귀하며 돈보다 더 아껴야 하는 최고의 자원입니다. '시간은 금보다 귀하다'라는 말이 있듯이 돈보다 더 귀중한 것은 시간이라는 사실은 누구나 다 알고 있습니다. 돈보다 시간을 더 좋아하고 소중히 여기는 사람들도 많이 있습니다. 저 또한 돈보다 시간을 더 좋아하고 소중히 여기며 시간이 낭비되는 것을 매우 싫어하는 사람입니다.

그로 인해 셀 모임 시 말없이 계속 약속 시간에 늦은 셀원에게 여러 번 주의를 준적도 있습니다. '너 한 번만 더 말없이 늦으면 난 너랑 다시는 만나지 않을 거고 어떤 모임에서도 널 제외할 거니까 그렇게 알아'라고 단단히 말했습니다(이렇게 한 번 단단히 말하니 다신 늦지 않더라구요). 시간을 빼앗거나 소모하는 사람들과는 만남을 이어가고 싶지 않은 것은 저뿐만 아니라 다들 그러하실 것입니다.

시간을 나누지 않으면 만남과 교제는 시작조차 되지 못합니다. 돈이 있어도 셀원들을 위해 시간을 나눌 수 없다는 것은 마음을 나눌 수 없다는 것과 똑같습니다.

자기 계발과 공부를 비롯한 많은 일정과 바쁜 상황 속에서 셀장으로 섬기기 위해서는 철저한 시간 관리와 남는 시간을 잘 활용할 줄 알아야 하며 셀원들을 위해 자신의 시간을 기꺼이 나눌 줄 알아야 합니다. 바쁘지만 셀원들을 위해 시간 분배를 잘해야 합니다.

저는 직장생활에 야간 대학원까지 병행하면서도 셀장 활동을 이어갔습니다. 이렇게 바쁜 와중에도 셀원들을 만나 교제할 수 있었던 비결은 효율적인 시간 관리와 셀원들을 만나는 시간과 요일을 지정하여 만났다는 것이었습니다.

시간 확보에 대한 지침

이혁백의 자투리 시간 확보에 대한 4가지 지침입니다.

첫째, 나만의 시간을 지정하라

둘째, 나만의 지정된 시간에는 아무런 방해를 받지 않는 곳으로 가라

셋째, 거창하게 시작하지 마라

넷째, 시간을 확보했으면 책부터 읽어라

셀 모임 시간 지정도 크게 다를 것은 없습니다. 셀 모임을 할 수 있는 요일이나 날짜를 지정하고, 즐길 거리는 상관없으나 나눔을 할 예정이라면 나눔에 방해받지 않는 장소(교회, 혹은 카페)를 택하며 초기에 많은 인원을 한 번에 만나는 것 보다 소수 인원(2인~3인)으로 먼저 시작하고 점차 인원을 다수(4인~단체)로 늘려가야 하며, 나눔의 시간이 확보되었으면 간단한 주제로 시작해 셀장부터 나누는 것이 좋습니다.

저 또한 대학원 수업이 있는 요일을 제외하고 다른 요일에는 셀원들을 위해 시간을 비우는 일이 여러 번 있었으며 타지에서 주말마다 오는 셀원의 경우 시간의 가능 유무에 따라 금요일과 토요일을 지정하여 만남을 이어갔습니다.

셀 모임이 있는 날의 일정표

시각	일정
08:30-17:30	근무
18:00-21:00	셀 면담 혹은 3인 모임, 그룹 만남
21:30-22:00	귀가 및 세면
22:00-00:00	공부 및 독서
00:00-00:30	기도
00:30-07:30	숙면
07:30-08:00	식사와 세면 및 출근 준비
08:00-08:30	출근

공부 및 독서의 경우 상황에 따라 전공을 공부하기도 했고 성경을 공부하기도 했습니다. 만약 전공과 성경 공부를 같이 해야 할 때 책 읽기는 생략했습니다.

셀 모임의 경우 정확하게 9시에 끝난다는 보장이 없습니다. 10시를 넘어가는 일도 많았고 11시를 넘어가는 일도 여러 번 있었습니다. 이 경우 공부와 독서는 생략했으며 대학원 과제가 밀린 경우 새벽 1시~2시까지 잠을 자지 않은 적도 여러 번 있었습니다.

그렇다고 셀 모임도 매주 매일 있는 것은 아니고, 매주 있는 것은 아니었습니다. 방학 기간이 아닌 개강 기간에는 저도 대학원 수업이 있어서 매주 하지 못했습니다. 보통 1학기에는 월, 금, 토요일에 셀 모임이 이뤄졌고, 2학기에는 월, 수, 금, 토요일에 셀 모임이 진행되었습니다.

셀 모임이 없는 날의 일정표

시각	일정
08:30-17:30	근무
17:30-17:40	귀가
17:40-18:50	휴식
19:00-21:00	전공 및 대학원 공부
21:00-22:00	운동
22:10-22:40	세면

22:50-24:00	독서
00:00-00:30	기도
00:30-07:30	숙면
07:30-08:00	식사와 세면 및 출근 준비
08:00-08:30	출근

셀 모임이 없는 날은 보통 저의 시간을 주로 가졌으며, 셀원이 아닌 다른 이들을 만나 시간을 보냈습니다.

대학원 수업이 있는 날의 일정표

시각	일정
08:30-17:30	근무
18:00-19:00	대학원 등교
19:00-22:00	대학원 수업
22:00-22:30	대학원 하교
22:30-23:00	세면
23:00-24:00	전공 공부
00:00-00:30	기도
00:30-07:30	숙면
07:30-08:00	식사와 세면 및 출근준비
08:00-08:30	출근

1학기에는 매주 화, 수, 목요일에 수업이 있었고, 2학기부터는 매주 화, 목요일마다 수업이 있었습니다. 2학기에는 더 나아가 학점은행제를 통한 심리학 학사를 부전공으로 시작하게 되어 좀 빡빡했습니다. 2학기에는 시간표대로 흘러가지 않고 새벽 1~3시까지 심리학 강의를 듣고 공부한 날도 많았습니다. 셀 모임에는 지장이 없었지만, 전공 관련 공부와 성경 공부, 과제를 할 시간은 많이 모자랐습니다.

모자란 공부와 과제에 대한 해결책으로 주일 예배 후 오후에 주로 더 진행했으며, 거의 매주 토요일 출근을 했기에 평일 일정과 다를 것이 없었지만, 토요일 퇴근 후 만남이 없는 날이나 간혹 토요일에 출근하지 않는 날 오전 오후 중으로 공부와 여가 시간을 보내고 저녁에 셀원들과 만남을 이어갔습니다.

시간 관리가 좀 부담되고 어렵게 보일 수 있으나 생각보다 의외로 간단할 수 있습니다. 주로 대학원 수업이 없는 날에는 근무 후 저녁 시간을 이용하여 셀원들과 만남을 이어갔습니다. 토요일 근무를 많이 지원했던 편이라 토요일 저녁에 만남을 이어간 적도 있습니다. 주일 저녁에는 타지로 가는 셀원을 제외하고 만남을 이어갔습니다. 즉 남는 시간을 최대한 활용한 것입니다.

시간과 재능으로 하나님을 향해 배팅하지 말라

제정적인 부분에서 하나님께 배팅하는 사람이 있는가 하면 자신의 개인 시간과 에너지를 통해 헌신과 섬김으로 하나님께 배팅하는 사람들도 있습니다. '내가 이만큼 하나님께 시간을 드리고 하나님을 위해 헌신하고 섬겼으니 앞으로 내 길을 잘 열어 주실거야'라는 마음으로 헌신과 섬김을 하는 사람들이 있는가 하면 '네가 지금 하는 것을 포기하고 이번 봉사나 선교에 참여한다면 앞으로 네 일은 하나님께서 책임지실 것이고 하나님께서 열어 주실거야'라는 이야기로 헌신과 섬김을 설득하거나 심지어 강요하는 분들도 계십니다.

다른 예는 '네가 여기서 지내온 세월이 얼마인데 이제는 해줄 때도 되지 않았니?','너도 이제 경험도 많고 나이도 있으니 이 정도는 해야지','지금 워낙 어려워서 너 아니면 할 사람이 없어 1년만 더 부탁해'라는 이야기들로 헌신과 섬김에 마음이 없거나 아직 준비되지 않은 성도들에게 당연히 섬겨야하는 것처럼, 혹은 헌신과 섬김의 위치에 너무나도 오래 매여 있는 성도들이 내려놓지 못하도록 판단력을 잃게 만드는 분들도 있습니다. 조금 강하게 표현을 한다면 이는 가스라이팅에 가깝습니다.

하지만 한 가지 분명하게 짚고 넘어가야 할 점은 시간과 재능 전부 하나님께서 허락하신 것이며 하나님은 헌신과 섬김도 좋아하실 수 있으나 하나님과 여러분들이 1대1로 교제하는 시간을 더욱 원하시고 주일뿐만 아니라 평일을 비롯한 여러분의 일상을 '하나님 앞에서' 라는 '코람데오'의 삶을 더 좋아하시고 기뻐하십니다.

저는 현시대 청년들이 너무 섬김과 헌신에 전념하지 않았으면 합니다. 섬김과 헌신을 하지 말라는 이야기가 아닙니다. 예수님께서 우리를 먼저 사랑하시고 섬기셨기에 예수님의 사랑을 표현하고 전하기 위해서는 이웃을 향한 섬김과 헌신은 필요하며, 청년들이 어린 시절부터 지금까지 교회에서 자라오면서 섬김과 헌신을 받았거나 새신자로 교회에 오게 되면서 섬김과 헌신을 받았다면 그들도 다른 이들의 신앙생활을 도우며 하나님을 섬기겠다는 기쁜 마음으로 헌신 할 수 있는 것입니다.

자신이 할 수 있는 것과 마음 가는 것, 배울 수 있는 부분에서 할 수 있는 상황과 여건에 맞춰 진행하면 좋을거라 생각됩니다. 그리고 교역자분들이 하라는 대로 무작정 따라가지 않길 바라며 '이만큼 헌신하고 섬겼으니 하나님께서 더 보상해 주실거야'라는 생각으로 섬기지 마시길 바랍니다.

더 나아가 자신이 지금 할 수 있는 상황과 여건이 되는지 점검하고 시작해야 합니다. 만일 누군가 해달라는 대로 하게 되면 헌신과 섬김도 날려 버리고 스스로도 마음을 잃어버리게 됩니다. 그리고 '하나님께서 보상해 주실거야'라는 잘못된 생각과 기대로 이어진 헌신과 섬김으로 시간을 빼앗겨 취득할 수 있는 학력이나 스펙을 잃어버리게 되는 것은 더 말할 것도 없습니다.

셀장으로 섬김도 마찬가지입니다. 하나님께 보상을 바라거나 본인이 할 마음도 없는데 누군가 부탁한다면 하지 않는 것을 추천을 드립니다. 결과적으로 보상받지 못할 것이며 심지어 섬김이 제대로 되지 않아 셀원을 제대로 돌보지 못하거나 심한 경우 셀장이 섬김의 책임을 다하지 않음으로 셀원이 방치될 수 있습니다.

하나님을 향한 기쁜 마음이 있거나 하나님의 은혜에 감사하여 다른 성도들의 편의와 신앙 성숙을 위해 돕고 싶다면 해도 좋을 것입니다. 그러나 이러한 마음이 없다면 하지 않는 편을 추천을 드립니다.

셀원에게 드리는 한 마디!

'약속 시간을 지키지 않는다는 것은 남의 시간을 도둑질하는 것이다'라는 말이 있습니다. 약속 시간을 지켜서 셀장의 귀한 시간을 허비하지 않도록 도와주세요. 만약 약속 시간에 늦는다면 시간이 지연되어 다음 일정과 계획에 차질이 발생할 수 있습니다.

약속 시간에 10~20분 늦는 버릇이나 습관이 있는 셀원은 약속 시간을 꼭 지키도록 노력하시길 바랍니다. 그리고 셀 모임이 있는 걸 알고 있음에도 불구하고 말도 없이 이중으로 약속을 잡아 나눔 중간에 나가야 하는 일이 발생하면, 혹은 식사만 하고 일어나야 한다면 셀장의 처지에서 당황스러울 수 있으며 인원이 많더라도 나눔 분위기가 흐려질 수 있습니다. 이 경우 셀장에게 있어 부담될 수 있으니 이중 약속을 잡으실 일이 있으실 경우 미리 이야기를 해주시길 바랍니다.

셀장이 시간이 남아서 셀 모임을 주도하는 것이 아닙니다. 바쁘고 분주한 상황 속에서 셀원을 위해 어렵게 시간을 낸 것이니 그 시간이 허비되지 않도록 도와주십시오.

02 재정을 나눠라

셀 만남과 교제가 시작된다면 그에 대한 재정이 사용될 것이며 만남이 많다면 재정 또한 많이 드는 법이기에 철저한 재정 관리가 필요하며 특히 아웃팅을 계획했다면, 필요한 비용을 모으는 것은 꼭 필요합니다.

만남과 교제 시 식사나 커피 값으로 최소 비용이 들어간다는 점을 간과해서는 절대로 안 되며, 재정이 부족해진다면 만남을 하지 못하는 불상사로 이어질 수 있다는 점을 기억하셔야 합니다. 셀장이 돈이 부족해서 셀 모임과 만남이 이뤄지지 못한다는 것은, 정말 생각도 하기 싫습니다.

이러한 부분과 이후에 말씀드릴 여러 요소를 고려해 봤을 때, 셀장들과 리더들께서는 열심히 일해서 돈을 벌고 바르게 모아 물질에 신앙과 인격을 담아 바르게 분배하고 사용할 줄 알아야 합니다.

공동체와 셀이 바뀌고 활성화되는 중요한 요소 중 하나로는 셀장들과 리더들께서 가장 기본적인 물질을 어떻게 쓰고 분배하며 사용하느냐에 달려 있다고 해도 과언은 아니라고 생각합니다.

모두를 위해 돈을 벌고 나누자

《좋은 기업을 넘어 위대한 기업으로》에서 짐 콜린스는 5단계 리더십을 제시하는데 이 중 5단계는 '리더는 자신이 지도하는 사람들의 유익을 위해서 성공을 이루는 높은 재능과 역량을 가진 리더이다' 입니다.

셀장이 셀원을 지도한다는 의도가 아닙니다. 셀장은 자신의 유익이 아닌 셀원의 유익과 성공에 관심을 기울이고 힘쓰며 필요와 마음을 채워주기 위해 섬겨야 한다는 의도입니다.

필요와 마음을 채워주기 위한 것 중 가장 작고 기본적이긴 하나 꼭 필요하고 탄탄해야 하는 원동력은 바로 재정입니다. 그러기 위해서 리더와 셀장은 잘 벌고 잘 모으고 잘 나눌 줄 알아야 합니다.

돈은 인간의 마음이 향하는 대로 사용된다고 하며 사람의 씀씀이와 지출을 보면 어디에 시선과 마음이 향해 있는지 알 수 있습니다.

현실적으로 섬기고 헌신하고자 하는 마음이 아무리 커도 돈이 없으면 셀장으로의 섬김은 어렵습니다(다른 부서들이 재정이 필요 없다는 이야기는 절대 아닙니다.). 돈이 있어야 사람도 만날 수 있고 프로그램 활성도 가능하며 그로 인해 셀이 활성화될 수 있는 것입니다.

재정 수준이 사람의 능력을 나타내기도 하며, 사람은 마음 가는 곳에 돈을 사용하게 되어있습니다. 셀장이라면 재정적으로 많이 벌어 탄탄해질 줄도 알아야 하고 잘 나눌 줄도 알아야 합니다.

그리고 자신의 미래를 위해 잘 모을 줄 알아야 하는 이유는 셀장이 재정적인 부분에서 시험을 당하게 되면 이는 어떻게 보면 가장 작으면서도 가장 필수적인 부분에서 흔들리는 것이기에 돈뿐만 아니라 사람이나 자신의 일상에서 인색해질 수 있으며 셀 모임 및 프로그램에 차질이 생길 수 있기 때문입니다. 그러기 위해서 지금 시대 리더들은 돈을 벌어야 합니다. 나 혼자 잘 먹고 잘 살기 위해서가 아닌 나도 안정적으로 살며 안전하게 잘 나누고 좋은 것을 함께 누리기 위함입니다.

나눔의 조건은 나의 안정이다

저는 '없어도 나눈다.'라는 말을 좋아하지 않습니다. 그리고 없는 상태에서 '하나님께서 더 크게 축복해 주시고 채워 주실거야!'라는 생각으로 나누며 이런 말로 나눔이나 후원을 권하는 사람을 정말로 싫어합니다. 물론 나눔과 후원으로 인해 하나님께서 축복과 은혜를 부어 주셨다는 개인의 경험이 있을 수는 있습니다. 저 또한 그러합니다.

그러나 도대체 무슨 배짱으로 그런 말을 하는지 모르겠습니다. 하나님께서 채워주시지 않거나 축복해 주시지 않는다면 그때는 뭐라고 하실 건가요? '좀 더 기다려 보자 하나님의 다른 뜻이 있을 거야', 아니면 무책임하게 '나는 나눔과 후원을 요청했을 뿐 강요를 하지 않았어, 네가 선택한 것이지'라고 발뺌할 수도 있겠죠.

정말 간곡하게 부탁드립니다. 없는 상태에서는 나누지 마십시오. 생활하기 힘든 사람이 안정적이고 올바르게 나눌 수 있을까요? 내 생활이 힘들어도 이웃 사랑을 실천해야 합니까?

이웃 사랑에도 중요한 조건이 있습니다. '내 몸같이'라는 조건입니다. 자신을 먼저 사랑하고 챙기고 보살필 줄 아는 사람이 이웃을 돕고 챙기고 나눌 자격이 있습니다. 그러기 위해서는 잘 벌어야 하고 미래를 준비하기 위해 잘 모을 줄도 알아야 합니다.

돈으로 하나님을 향해 배팅하지 말라

《돈 걱정 없는 크리스천》이라는 책에 나오는 내용입니다.

김 권사는 남편이 퇴직한 이후 불안정한 미래 때문에 걱정에 휩싸였다.

사무직으로 있다가 퇴직한 남편은 특별한 기술이 없어 지인과 함께 새로운 사업을 구상 중이었다. 김 권사는 이런 때일수록 하나님께 믿음을 보여야 한다고 생각했다. 엘리야를 만난 사르밧 과부처럼 마지막 남은 것을 드릴 수 있는 용기를 내야 한다고 믿었다.

김 권사는 남편 몰래 퇴직금 중에서 거액을 교회 건축헌금으로 드렸다. 뒤늦게 이 사실을 안 남편은 몹시 화를 냈다. 그러잖아도 자금이 모자란 판에 아내가 헌금한 액수만큼 대출을 더 얻어야 했기 때문이다. 하지만 김 권사는 아랑곳하지 않았다. 하나님이 더 큰 금액으로 돌려주실 것을 확신했기 때문이다.

김 권사는 어려울 때일수록 더 담대하게 헌금을 해야 하나님께 상달된다며 남편의 믿음 없음을 힐책했다. 그리고 남편의 물질 정욕을 용서해 달라고 기도했다. 혹시라도 남편의 불충분한 태도 때문에 하나님께서 주시려고 한 복을 거두실까 염려가 됐다. 결국 남편은 어렵게 다시 자금을 마련하여 사업을 시작했다.

"걱정하지 말고 믿음을 갖고 기다리세요. 하나님께서 당신 뒤에서 밀어주실 거예요. 하나님은 쩨쩨하신 분이 아니란 걸 당신이 곧 보게 될 거예요. 지난번 내가 드린 금액의 30배, 60배, 100배로 돌려주실 거라니까요. 두고 봐요."

김 권사는 확신에 차서 믿음으로 선포했지만, 남편의 사업은 뜻대로 되지 않았고 얼마 못 가 폐업해야 하는 처지가 됐다. 동업한 지인으로부터 사기를 당한 것이다. 결국 김 권사 부부는 나이 들어 빚더미에 올라앉고 말았다. 어쩔 수 없이 살던 아파트마저 팔아서 월세로 이사를 해야 하는 김 권사는 신앙적 좌절감에 빠져 힘든 시간을 보내고 있으며 건축헌금을 낸 일 때문에 남편과의 사이도 나빠져 황혼 이혼까지 고려 중이다.

십일조를 할 때 사람들은 말라기 3장 10절의 말씀을 떠올리며 은연중에 기대한다. "내가 하늘 문을 열고 너희에게 복을 쌓을 곳이 없도록 붓지 아니하나 보라" 하신 말씀에 모든 갈등을 한 쾌에 날려버리고 베팅을 한다. 그러고는 교회에서 십일조를 가장 많이 낼 수 있도록 기도한다. 곧 더 많은 돈을 벌 수 있게 해 달라는 욕심을 포장하는 것이다. 헌금이나 구제를 할 때 그 목적이 30배, 60배, 100배로 돌려받기 위해서라면 하나님을 상대로 재테크 하는 것이나 마찬가지이다.

헌금은 돈을 지출하는 행동이므로 크리스천의 재정과 밀접한 관련이 있다. 자신의 형편을 고려하지 않고 무리하게 헌금하고 싶을 때 그 내면을 면밀히 살펴볼 필요가 있다. 혹시 자신도 의식하지 못한 헛된 믿음이나 욕심은 없는지 점검해 봐야 한다. 무리하게 헌금하면 하나님께서 다른 좋은 것으로 보상해 주실 것이라는 기대가 있는지 살펴봐야 한다.

헌금은 하나님께서 이미 우리에게 주신 것에 대해 감사한 마음으로 드리는 것이 가장 좋다. 사실 헌금은 얼마를 드리느냐보다 어떤 마음으로 하느냐가 훨씬 중요하기 때문이다. 헌금은 하나님께 돈을 드리는 행위가 아니라 내가 소중하게 여기는 물질의 소유권을 주님께 올려 드리는 행위이다. 우리는 성경에 나오는 아나니아와 삽비라 부부를 기억할 필요가 있다. 그들은 전 재산을 다 팔아서 헌금했지만, 헛된 욕심을 부리고 정직히 고하지 않음으로 죽음을 맞이했다. 하나님께서는 제단에 바치는 물질이 아니라 우리의 중심을 알고 계시며 그것을 보고 계신다는 것을 알 수 있는 사례이다.

여기서도 한 가지 짚고 넘어가야 할 점이 있습니다. 돈을 주관하시는 분은 하나님이시며 조금 가볍게 말씀드리자면 하나님은 돈이 필요하신 분이 아니시며 헌금이 없어서 힘들어하시는 분이 아니라는 점을 꼭 기억하시기 바랍니다.

돈으로 하나님을 향해 절대로 배팅하지 마십시오. 우리가 가진 돈, 그리고 앞서 말씀드린 시간, 능력, 재능은 전부 하나님의 은혜로 거저 받은 것입니다. 이미 우리 것이 아닙니다.

종종 이런 분들이 계십니다. 더 큰 축복과 은혜, 혹은 위에서 말한 30배, 60배, 100배의 결실을 바라면서 헌금을 하거나, 시간과 능력 혹은 재능을 통해 사역과 섬김을 일부러 맡아서 하시는 분들이 계십니다.

이는 축복으로 돌아오지 않습니다. 하나님은 중심과 마음 일과 행위에 대한 동기를 모두 아십니다. 그러기에 감사함과 기쁨, 그리고 공동체와 다음 세대를 위한 마음이 없으시다면 그냥 하지 않으시는 것을 추천합니다.

축복과 은혜를 바라며 배팅했다간 그것은 축복이 아닌 실망과 어려움, 감정 소모 및 체력과 시간 소모에 그칠 수밖에 없습니다. 오로지 좋은 마음으로만 하며 하나님을 향해 배팅하지 마시길 바랍니다.

같이 준비함으로 만남의 의미와 중요성을 부여하라

저는 1년간 면담과 그룹모임, 아웃팅을 준비하면서 약 200만 원 이상의 비용이 들었으나 직장인이라 그리 무리가 가진 않았습니다. 하지만 저는 저처럼 다른 셀장들이 혼자서 거액의 돈을 부담하는 것은 감당되지 않는 이상 추천하지 않습니다.

돈이 많으면 식사, 나눔, 교제에서 질이 높아질 것입니다. 하지만 오히려 “내가 사니까 그냥 나와”라는 식으로 말한다면 셀원에게 강요나 부담이 되거나 모임과 아웃팅의 중요성이 없어질 수 있습니다.

더 나아가 셀원이 자신들의 의견을 쉽게 내지 못합니다. ‘셀장 사비로 가는데 셀장이 하자는 대로 해야지’,‘내 돈 낸 것도 아닌데 그냥 안 가면 그만이지’라고 생각할 수 있기 때문입니다.

이는 ‘처음부터 열심히 섬기고 이끌어가면 셀원이 잘 따라오지 못할 것이며 셀원 대부분이 대학생이기에 돈이 없을 것이다.'라고 셀원을 과소평가한 생각과 새로운 방법과 시스템으로 섬기게 되어 최대한 많이 나누길 원했고 그래서 들뜬 마음을 절제하지 못했던 저의 실수이자 경험담이기도 합니다.

더군다나 대학생 신분으로 셀장을 맡은 이들에게는 혼자서 재정을 부담하는 행동은 필사적으로 말리고 싶으며 직장인들 또한 큰 비용을 혼자서 부담하는 행동은 감당되지 않는 이상 추천하지 않습니다.

아웃팅의 경우 매달 적은 금액이라도 걷어 함께 준비하는 것이 좋으며 만남의 경우 식사는 셀장이 섬기고 커피의 경우 셀원들과 각자 계산하거나 셀원이 섬기기를 원한다면 셀원에게도 섬김의 기회를 제공하는 방법이 가장 효율적인 방법이라 말씀드리고 싶으며, 만약 반대로 셀원이 식사를 섬기고 싶어 한다면 섬기는 기회를 주되 커피는 셀장이 계산할 것을 추천합니다.

올바른 소비 습관을 들여라

《책 읽는 사자의 신앙의 참견》 이라는 책의 내용입니다.

사람은 마음이 가는 곳에 돈을 씁니다. 개인의 소비 명세는 그 사람의 세계관과 삶의 우선순위를 있는 그대로 보여줍니다. 한 달 수입 중 통신비, 교통비, 주거비, 식비 등 생계에 관한 고정 지출을 제외한 그다음의 지출이 중요합니다.

무형 가치나 미래를 중요하게 생각하는 사람은 독서나 자기 계발, 교육비에 대한 지출이 클 것이고 배달 음식을 먹고 싶은 유혹을 견디며 적금을 들 수도 있을 겁니다.

반대로 편향된 욜로(현재 자신의 행복을 가장 중시하고 소비하는 태도) 문화를 중시하는 사람은 자기 월급의 50% 또는 그 이상의 돈을 수입차 할부값, 국내외 여행비, 각종 사치품 소비에 쓸 수도 있습니다.

어떤 사람들은 힘들게 자영업을 하시는 부모의 대출 이자 상환을 도울 수도 있고, 해외 선교사역을 후원하거나 각종 시민단체와 비영리재단에 후원할 수도 있습니다.

반대로 게임 아이템에 과도한 유료 결제를 하거나 복권을 비롯한 각종 운과 중독에 기댄 인터넷 도박에 빠질 수 있습니다. 주식, 비트코인 혹은 부동산 투자를 하시는 분들도 있으실 겁니다.

자신을 위해 쓰는 사람이 있고 남을 위해 쓰는 사람도 있습니다. 이러한 의미에서 소비도 영성입니다. 소비는 그 사람의 우선순위와 실천이 그대로 반영되는 '영성 영수증'이라고 합니다.

하나님의 나라와 의를 먼저 구하며 적절하게 소비하고, 자신과 이웃에게 소비하는 것을 잘 분배해야 합니다.

하나님 나라와 의를 먼저 구한다는 것은 자신이 즐기고 좋아하는 것보다 모든 영역에서 하나님께 순종하겠다는 믿음의 다른 표현입니다. 자신은 50만 원짜리 지갑을 살 충분한 능력이 되지만 하나님이 자족의 마음을 주심으로 검소한 소비를 하는 것입니다. 자족할 줄 알고 이미 있다면 굳이 필요 없는 것은 구입하지 않아도 된다는 것입니다.

돌려 입을 수 있는 최소한의 옷이 필요해서 쇼핑하는 거라면 그때그때 정말 필요한 옷만 사야 합니다. 어느 정도 수량이 있으면 당분간 옷에 관심을 두지 않아도 되는 것이 맞습니다. 그러나 현실은 너무나도 다릅니다. 필요해서 소비하기보다는 필요하다고 느껴서 소비합니다. 때로는 단지 예쁘거나 갖고 싶어서 소비할 때도 정말 많습니다.

옷만 그러한가요? 가방, 텀블러, 스마트폰 각종 디지털 기기와 액세서리, 화장품, 신발 등도 마찬가지입니다. 특히 스마트폰이나 각종 디지털 기기, 화장품, 신발 등은 신상품이 나오기만 해도 바로 구매해 버리는 사람들도 많습니다. 어느 정도 있으면 그만 사야 하는 것이 맞으나 그만 사는 사람은 드뭅니다. 단지 돈이 부족할 뿐입니다.

저는 이 책에서 이야기하는 내용들이 정말 마음에 듭니다. 뿐만 아니라 이 책을 읽은 지는 오래 되지 않았지만 그동안 저의 소비 습관이 적절하게 소비하고 이웃의 것을 적절히 분배하는 소비 습관과 가까웠다는 사실에 참으로 기뻤습니다. 셀원들 또한 이웃에 포함됩니다.

올바른 소비 습관이란 사고 싶은 물건들이나 새로운 상품이 출시되었다고 해도 이미 대체할 물건이 있거나 실용성이 떨어진다면 굳이 사지 않는 것입니다. 즉 유행을 따라 소비하는 것을 절제하거나 아예 억제하는 것이지요, 이러한 방법으로 과소비만 줄여도 셀원과 몇 번은 식사할 비용이 생기고도 남을 것입니다. 더 나아가 나를 위해서가 아닌 주변의 가까운 이웃들을 위해 적절하게 소비하는 것 또한 올바른 소비 습관에 포함 됩니다.

제가 재정적인 부분에서 크게 문제없이 셀원을 섬길 수 있었던 것은 넉넉한 월급도 맞지만 가장 큰 계기는 유행을 따라 소비를 하지 않고 굳이 안사도 되는 것들이나 실용성과 가성비가 떨어지는 소비는 하지 않는 습관 덕분입니다.

제가 이러한 습관을 가지게 된 이유는 부모님의 가르침이 가장 영향이 큽니다.

저는 어린 시절 가난하지는 않았지만 부모님께 검소하게 사는 습관을 배웠습니다. 부모님은 제가 어렸을 때 유행에 따라 물건을 사지 못하게 하셨습니다. 그리고 용돈도 주기적으로 주시지 않으셨습니다. 단지 필요할 때마다 딱 필요한 만큼만 받는 것이 전부였습니다. 필요한 때와 그에 맞게끔 정해놓고 용돈을 받는 터라 돈을 섣불리 써버렸을 경우 부모님께 들켜서 꾸지람을 들을 것과 들키지 않아도 다음번에 용돈을 쓸 상황에 돈이 없을 것을 예상했을 땐 정말 걱정과 긴장이 많이 되었습니다. 이러한 습관은 초등학생 시절부터 고등학생까지 이어졌습니다.

재밌는 이야기로 제가 초등학교 2학년 때 시험을 잘 보는 조건으로 어머니께 1000원을 받아 문방구에서 마음껏 쓰기로 약속했고 시험을 괜찮게 봐서 어머니께 1000원을 받아 문방구로 신나게 달려가서 맛있는 과자도 사먹고 친구들과 마음껏 게임을 했던 기억이 납니다.

제가 초등학교 5학년 때는 닌텐도 DS가 유행이었습니다. 너무나도 가지고 싶었지만 커다란 조건이 있었습니다. '기말고사를 봐서 평균 85점 이상 넘어가면 사줄게'라는 부모의 조건이었습니다. 저는 아주 힘겹게 시험 점수 평균 85점을 넘었고 결국 닌텐도 DS를 살 수 있었습니다. 제가 어릴 시절 따라갔던 유행은 닌텐도 DS 딱 하나가 생각이 납니다.

어린 시절 부모님의 양육 방식이 좀 갑갑하고 어렵다고 생각했습니다. '나도 다른 친구들처럼 이것 저것 사고 싶은데, 나도 내 맘대로 맘껏 용돈을 쓰고 싶은 마음이 있는데, 누구는 일주일에 얼마씩 받는다던데'라는 마음이 많이 들었습니다. 그리고 매주 또는 매달 주기적으로 용돈을 받았다면 돈을 모으고 저축하는 방법을 알았을 것이라는 아쉬움도 있었습니다. 하지만 시간이 지나고 나니 부모님의 양육 방식이 정말 지혜롭고 올바른 방법임을 깨달았습니다.

'자식을 잘 키울 자신 없으면 가난하게라도 키우라' 라는 명언이 있습니다. 저는 이 명언이 자녀 양육의 재정적인 부분에서는 정답이라 말하고 싶습니다.

어릴 때부터 유행을 따라 소비하지 않도록 양육을 받았기에 성인이 되어 돈에 대한 자유가 있어도 유행을 따라 소비하지 않고, 굳이 소비하지 않아도 되는 곳에는 돈을 쓰지 않음으로 검소한 소비 습관을 이어갈 수 있었습니다.

주기적으로 용돈을 받지 않았기에 돈의 소중함을 배워 대학생 시절 방학 기간에는 다음 학기 생활비를 마련하기 위해 공장에 일하러 갈 수 있었습니다. 여기서 끈기와 인내, 스스로 벌어 먹고 살아가야함을 배우고 느낄 수 있었습니다. 더 나아가 매달 월급을 받는 직장인이 되었을 때 매달 많은 적금을 들 수 있었고 검소한 삶을 지속함으로 적은 생활비로도 삶이 가능했습니다.

하지만 여기에도 작은 약점이 있었습니다. 너무 검소한 탓에 한때는 옷을 위해 소비하는 것이 너무 아까운 마음이 컸습니다. 옷에 전혀 소비를 하지 않음으로 '옷을 못 입는다. 꾸밀 줄 몰라도 너무 모른다.'라는 이야기를 많이 들었습니다. 그리고 옷을 사러 가도 5만 원 이상 넘어가는 것을 용납하지 못해 고르지 못하고 헛걸음한 날들이 여러 번 있었습니다.

심지어 부모님이 '돈 줄테니까 제발 네 옷좀 사라!'라고 하셨지만 저는 '아 싫어! 옷 사는데 내 돈 쓰기도 아까워 죽겠는데 그것도 모자라 엄마 아빠 돈을 쓰라고?'라고 말했습니다. 그리고 '네 자신에게 좀 투자를 해라'라는 말과 저를 잘 모르는 분들로부터 '생각 이상으로 구두쇠인거 같다.'라는 말을 듣기도 했습니다.

또 아쉬운 것은 방학 기간 때 실습을 나갔던 시기가 아니면 공장으로 일을 나갔던 관계로 대학생 시절 저를 위해 여행을 갔던 일이 없었다는 것입니다. 여행이라고 하면 방학 기간 때 CCC에서 필리핀으로 3주간 해외 선교를 다녀온 것과 교회와 CCC 수련회가 전부였습니다.

여러 약점들과 아쉬운 점도 있긴 했지만 부모님의 양육 방식으로 인해 생긴 약점들은 강점들을 절대로 따라가지 못했습니다. 잃은 것보다 얻은 것이 훨씬 많고 약점은 보완이 가능했기 때문입니다. 그 시절을 돌아보며 부모님과 이야기를 나누면 같이 웃습니다. 부모님은 저를 대견스러워하시고 잘 따라와 줘서 고맙다고 하시죠, 저는 부모님께 올바르게 양육해주셔서 감사드린다고 말씀드립니다.

이처럼 크리스천이자 셀원을 돌보고 양육해야 하는 셀장이라면 올바른 소비 습관을 가져야 합니다. 위에서 말씀드렸던 것처럼 돈이 없어서 만남을 이어가지 못한다거나 셀장 생활비가 부족한 경우 그리고 저축을 하지 못해 미래가 걱정되는 등 여러 부분에서 시험에 들고 인색해지는 일은 없어야 합니다.

월급을 적절하게 분배하라

저의 월급 분배를 시기별로 공유해 드리면

(1) 1~2월 겨울 방학 시기 월급은 평균 280만 원이었고 세부적으로 나누면 다음과 같습니다.

지출 목록	금액
적금	150만 원
통신과 보험	7만 원
어머니	20만 원
십일조	30만 원
교통비	10만 원
셀 모임	25만 원
잔액(생활비)	38만 원
합계	280만 원

전화요금의 경우 알뜰 요금제로 사용하기에 월 1만 원 정도 들어가며 보험의 경우 월 약 6만 원 정도 나갑니다.

지출 목록에 어머니라고 표기 되어있는 부분은 제가 본가에 거

주하기에 매달 월세(?)를 부모에게 드리고 있습니다.

(2) 3월부터 8월 아웃팅까지 월급은 평균 290만 원이었고 세부적으로 나누면 다음과 같습니다.

지출 목록	금액
적금	150만 원
통신과 보험	7만 원
어머니	20만 원
십일조	30만 원
교통비	10만 원
셀 모임	30~37만 원=3월~8월 (만남 및 선물 15~20+여름 아웃팅 저축 15+1, 2만 원)
잔액(생활비)	36~43만 원
합계	290만 원

여기서 저는 8월 아웃팅을 진행할 펜션 예약을 5월에 진행했습니다. 8월이 성수기다 보니 예약을 일찍 했습니다. 당시 이미 예약이 다 된 곳들이 많았습니다.

펜션 예약비는 80만 원이었습니다. 3월부터 5월까지 모아놓은 여름 아웃팅 비용은 50만 원이 전부였습니다. 그러나 이전에 생활비와 셀 모임에서 쓰지 않고 저축했던 재정이 있었기에 바로 예약이 가능했습니다.

조금 더 자세히 말씀드리자면 4월 중순부터 대학교 시험 기간이라 셀 모임이 어려웠던 관계로 이 기간에는 재정을 저축해놨습니다.

(3) 2학기의 경우 월급이 세후 평균 290만 원이었고, 세부적으로 나누면 다음과 같습니다.

지출 목록	금액
적금	150만 원
통신과 보험	7만 원
어머니	20만 원
십일조	30만 원
교통비	10만 원
자동차 보험료	22만 원(9월부터 추가되었습니다.)
셀 모임	20만 원(셀 만남 10 + 겨울 아웃팅 10)
잔액(생활비)	31만 원
합계	290만 원

9월부터 다음 해 2월까지 매월 자동차 보험료가 지출에 추가되어 생활비에 타격이 있긴 했으나 이전에 잔액이 여유가 있을 때 돈을 다 쓰지 않았고, 셀원이 바쁜 10, 11월에 셀 모임 횟수가 적어서 작게는 3만 원 많게는 5만 원의 여유가 있었습니다.

매달 남는 돈을 그때그때 다 쓰지 않고 남겨 놓았고 사실상 셀 모임을 통해 셀원들과 저녁 식사를 함께한 것이나 다름이 없었기에 지출을 조금 더 줄일 수 있게 되었습니다.

추가로 320만 원을 받은 달에는 셀 모임비로 30만 원을 따로 빼놨었고 12월에는 셀 모임에 집중하겠다는 생각으로 생활비에서 10만 원을 더 셀에 부담했습니다. 그 결과 12월 셀 아웃팅 재정을 약 75만 원가량 모을 수 있었고 마지막 아웃팅에서 소고기를 마음껏 먹고 카페에서 나눔을 진행했습니다.

제가 이렇게 정기 적금, 셀 모임, 개인 생활에서 금전적으로 무리가 없었던 이유는 월급에서 적절한 지출 분배와 지출 분배 후 남은 잔액으로 한 달을 살아가는 검소한 소비로 인해 가능한 것이었습니다. 더 나아가 돈이 남았을 때 그 돈을 바로 사용하지 않고 아껴두었습니다. 그로인해 자동차 보험료 지출로 인해 생활비에 타격이 있던 2학기에 겨울 아웃팅 재정을 마련할 수 있었고, 여름 방학 아웃팅 펜션 예약을 미리 하는 데 어려움이 없었습니다.

매달 월급의 10% 정도 금액이면 충분하다

이전에 말씀드린 부분과 위의 월급 분배 표를 보시면 1년간 섬김에 사용된 개인 재정의 총액은 한 달 치 월급을 넘어가지 못하고 매달 분배해 놓은 금액 또한 3월~8월을 제외하고는 월급의 10%에 가깝긴 하나 넘어가지 않았습니다.

그리고 셀장 못지않게 셀원도 다들 바쁜 터라 매월 매주, 만남이 있던 것이 아니기에 월마다 셀에 분배한 금액을 다 사용하지 못하는 달도 있었습니다. 대신 아웃팅과 전체 만남 비용으로 사용했습니다.

셀장 혼자 부담해도 이 정도인데 만남 시 셀장이 식사를 섬기고 카페 비용과 친교 비용을 셀원들과 각자 계산한다면 월급의 10% 미만으로도 충분할 것입니다.

사람을 의지하도록 하지 마라

《THE BOSS》에서 나오는 내용입니다.

비즈니스 개념이 없는 것을 떠나서 염치마저 모르는 인간들이 있다. 남자들의 술 문화에는 암묵적인 규칙이 있는데 더치페이 문화가 아니라 한 사람씩 돌아가면서 계산하는 문화 둘이 마시면 꼭 2차를 셋이 마시면 꼭 3차를 가야 한다. 개인적으로 좋아하는 문화이다. 지극히 개인적인 생각으로 뭔가 정이 있어 보이니까. 하지만 이렇게 하다 보면 꼭 늦게까지 먹어야 한다는 단점도 있지만, 서로에게 미안한 마음 없이 베풀려는 심리 같아서 나는 좋아한다. 그런데 정말 끊임없이 개념도 없고 염치도 없게 얻어 먹는 인간들이 있다. 이건 상대에 대한 배려가 없다고 생각한다. 뭐든지 공짜만 찾고 그 대상을 바로 나로 만드는 인간들이 있다.

예전에 모임에서 꾸준히 회비를 안 낸 친구가 한 명 있었다. 그래서 한마디 하니까 버럭 화를 냈다. "그거 얼마나 한다고 지금 내 사정 모르냐?" 그래서 말했다 "야! 힘들면 나오지를 마. 뭐 힘든데 매달 나와서 술까지 처먹냐?" 물론 지인들에게 조금 더 버는 사람이 살 수 있지만 그게 당연한 것이 되어서는 절대로 안 된다. 내가 남들보다 더 열심히 피, 땀 흘려서 했기 때문에 더 벌 수 있었던 거다. 그게 남들에게 무조건 베풀어야 하는 이유가 되는 것 자체가 "거지 근성" 이다. 아무리 잘 벌고 못 벌고를 떠나서 모든 사람에게 돈은 똑같이 소중한 것이다. 저런 행위는 그 가치와 그 안에 녹아 있는 타인의 노력을 무시하는 행위라고 본다. 그런데 우리나라는 이런 거지 근성이 너무 심하다.

시그니엘로 이사하는데 이삿짐센터 사장님이 끝나더니 추가금을 달라고 하더라. 계약한 거 이외에 왜 추가금을 줘야 하냐고 말하니까 대뜸 하는 말이 "돈도 많은 사람이 되게 빡빡하네"이 따위 말이 나왔다. 돈 많으니까 그냥 더 달라는 거다. 내가 이사하면서 가구가 2개나 파손되었는데도 그냥 지나갔다. 그냥 고생하시니까. 나야 또 사면되니까. 그런데도 이따위 말이 나왔다. 참 황당한 일이다. 수도 없이 겪어 놀랍지도 않다. 메신저나 이메일로 돈 꿔달라고, 도와달라는 사람들 천지다. "나 불쌍하지 돈 줘" 이 말이다. 안 봐도 뻔하다. 그런 거지 근성을 가진 사람이 뭐는 되겠는가. 나는 절대 돕지 않는다. 피하고 보자 그리고 자신도 절대 그런 사람이 되지 말자.

당신을 감싸고 있는 사람 중에 악영향만 끼치고 있는 사람이 있다면 과감히 잘라내자. 그리고 혹시나 내가 다른 이들에게 이런 사람은 아니었을까도 생각해 보자. 서로에게 좋은 사람이 되려고 조금씩만 더 노력한다면 우리 모두 조금 더 좋은 환경에서 더 나은 삶을 살 수 있을 테니까.

정말 좋은 이야기라 생각합니다. 특히 마지막 문단은 더 더욱이요. 이 책에서 저자는 거지 근성을 가진 사람을 과감히 잘라내고 돕지 말라고 합니다. 저도 전적으로 동의하고 그렇게 하고 싶은 마음이 굴뚝같이 솟아오릅니다. 하지만 예수님을 닮아가고자 하는 사람들이라면 아쉽지만 그렇게 해선 안 된다고 생각합니다. 하지만 그들에게 이용당해서도 안 되며 그들이 나와 또 다른 누군가에게 의지하게 둬서는 안 된다는 생각도 합니다.

어려운 이들을 위해 나누고 돕는 행위는 매우 좋으며 선한 행위이지만 세상에는 어려워도 열심히 살아가면서 스스로의 밥그릇을 챙길 줄 아는 사람들이 있는가 하면 스스로 해결하지 못하고 남에게 의지하려고 하거나 남을 이용해 먹으려는 사람들도 있습니다. 이를 올바르게 분별하고 나누고 도와야 한다고 생각합니다. 그래서 도움과 나눔의 기준을 명확하게 정해야 한다고 말씀드리고 싶습니다.

예를 들면 가난한 사람에게 당장 50만 원의 생활비가 필요하다면 30만 원은 도와주되 20만 원은 스스로 벌고 마련하게 해야 한다는 것입니다. 필요 전체를 바로 도와줘서는 안 되며 스스로 필요를 채울 수 있도록 도와야 한다는 것입니다.

거의 없는 경우이지만 대학생이나 직장인 셀장이 함부로 거액이나 금품을 지급하는 것 또한 바람직하지 않습니다. 정말 어려운 셀원이 있다면 교회 공동체와 의논해서 장학금이나 생활비를 전달하는 방법을 추천합니다.

셀원에게 드리는 한 마디!

직장인이 월급이 많거나 넉넉해 보여도 사실상 그렇지 않습니다. 사회와 회사에서 열심히 일하여 얻은 소득입니다. 즉, 교제와 나눔 시 필요한 재정이 괜히 나오는 것이 아니라는 말입니다.

셀장이 부담하는 것은 단순히 돈뿐 아니라 셀원과 공동체, 하나님을 향한 헌신과 섬김입니다. 헌신과 섬김에는 책임이 있긴 하지만 이를 당연히 여겨서는 절대로 안 됩니다. 그러실 분들은 없겠지만 셀장이 식사비와 커피 값, 즐길 거리에 사용되는 비용을 계산하는 것을 당연하게 생각하지 마시길 바랍니다.

03 예수님의 이야기를 나눠라

가장 기초적인 재정이 확보되고 더 중요한 요소인 시간이 확보되었다면 가장 중요한 예수님에 대한 나눔이 필요합니다.

3인 만남이나 나눔을 목적으로 한 4인 만남, 특히 2월 전체 모임과 아웃팅에서 나눔 시 처음에는 가벼운 질문으로 나눔을 이어가시다가 중후반부에서는 조금 무거운 주제로 흘러가야 합니다. 이때 삶 속에서 경험한 예수님의 이야기와 청년의 시기는 어떻게 살아가야 하는지 꼭 말해줘야 합니다.

그러기 위해서 셀장은 끊임없이 하나님과 교제해야 하며 삶 속에서 경험하고 만난 예수님의 이야기를 나눠야 합니다.

셀장 및 리더들은 기도와 말씀을 늘 가까이하며, 성경 공부 또한 꾸준히 하실 것을 추천합니다. 기도하고 성경 공부까지 하셨다면 일상에서 그 말씀을 적용하는 것과 늘 하나님께 묻고 말씀을 읽어가며 해답을 찾아가는 모습이 훈련되어야 합니다. 셀원도 리더도 청년입니다. 청년은 완전한 때가 아니며 신앙이 완성되고 성숙해 가는 단계입니다.

간증을 위해 셀원에게 예수님의 이야기를 들려주는 것이 아니라 셀원과 함께 성숙해지는 신앙생활을 이어가기 위해서입니다. 리더들은 자신의 신앙생활과 더불어 셀원의 올바른 신앙생활을 위해서라도 하나님과의 교제를 놓아서는 안 됩니다.

청년의 시기는 어떻게 보내야 하는가?

《그래도 너는 아름다운 청년이다》에서 나오는 내용입니다.

인생은 방향을 정하고 속도를 내는 것이다. 설계도를 그리고 건물을 올리는 것이다. 계획 다음에 실행이 있는 법이며 내적 창조가 외적 창조보다 앞서야만 바른 순서다. 그래서 청춘은 기억해야 하는 때다. 무조건 속도를 내서는 안 되며 방향을 보고 속도를 내야 한다. 무조건 쌓아 올리면 안 되고 설계도를 보고 쌓아 올려야 한다. 그러므로 신앙 없는 스펙 쌓기는 모래성과 같다. 젊은 날에 스펙 쌓고 실력 쌓고 노년에는 성경 보고 기도한다? 아니다. 거꾸로 되어야 한다.

이제 방향을 바꾸라. 청년이 기억하고 노인이 꿈을 꾸는 것이다(사도

행전 2:17). 청년은 더 늦기 전에 그의 창조자를 기억해야 한다. 축구선수가 레드카드를 받고 심판이 보고 있었음을 기억한다 한들 이미 늦어버렸다. 중요한 선거를 앞둔 정치인들이 젊은 날에 남긴 오점을 후회하지 않던가. 청년이 기억하는 것이다. 노년이 기억하는 것이 아니다. 노년의 기억은 어쩔 수 없이 하는 것일지라도 청년의 기억은 내가 원하는 것이다. 온전한 인생, 후회하지 않을 인생을 내가 원하기 때문에 기억하는 것이다. 명심하라. 내 인생을 스타트하신 그분이 내 인생의 피니쉬 라인에 서 계실 것임을

다음으로 《청년아 울더라도 뿌려야 한다》 라는 책의 내용입니다.

자신에게 주어진 청년의 시절을 책임과 최선을 다해 가꾼다는 것은 구체적으로 무엇을 의미하는가?

첫째, 지금 자기 자신에게 주어진 일에 최선을 다하는 것을 의미한다. 그 일이 무엇이든 지금 주어진 일에 최선을 다한다는 것은 자기 자신을 극대화한다는 것이다. 큰일을 이룬 사람들의 한 가지 공통점은 언제나 주어진 일에 최선을 다했다는 것이다.

"지극히 작은 것에 충성된 자는 큰 것에도 충성되고 지극히 작은 것에 불의한 자는 큰 것에도 불의하니라"(누가복음 16:10)

둘째, 분명한 목적과 목표를 갖는다는 의미이다. 10대라면 아직 분명

한 목적이 없을 수도 있으나 적어도 20대라면 분명한 삶의 목적의식을 가지고 있어야 한다. 여기서 목적이란 인간이 궁극적으로 다다라야 할 종착점을, 목표란 그 종착점에 다다르기 위한 방편을 의미한다. 따라서 목적은 하나일 수밖에 없으나 목표는 여럿일 수 있다. 목적지 없이 걷는 방랑자가 어떻게 하나의 발걸음 하나하나에 최선을 다하겠는가? 목적지를 분명히 한 사람만이 그 발걸음에 모든 것을 다 걸 수 있다.

셋째, 조화를 이루는 것이다. 이때의 조화는 두 가지 의미에서 조화이다. 하나는 내적 조화로 자기 자신과의 조화를 말한다. 인간은 하나님의 창조 섭리에 따라 영과 육을 동시에 지닌 전인적 존재이다. 그러므로 영육간의 조화를 이루지 못한 채 영혼만을 목적으로 살아가는 사람은 주어진 삶에 책임을 다하지 않는 무분별한 신비주의자나 열광주의자가 되고 만다. 반면 하나님께서 주신 영적 의미를 망각하고 육체만을 위해 사는 사람은 그의 겉모습이 어떠하든 본능적인 쾌락주의자에 지나지 않을 것이다. 따라서 우리의 영과 육은 반드시 조화를 이룰 수 있어야 하며, 이는 다시 말해 나의 겉사람과 속사람이 진리 안에서 서로 대화하며 조화를 이룰 수 있어야 한다. 바른 영혼이 바른 육체를 가능케 하고 건강한 육체가 건강한 영혼을 담는 그릇이 될 수 있다.

또 다른 조화는 외적 조화로 이는 타인과의 조화를 의미한다. 우리는 이 세상을 결코 혼자 살 수 없다. 사람과 반드시 더불어 살아야 한다. 그러므로 다른 사람과의 조화에 실패하는 자는 그 인생 자체가 실패할 수밖에 없다. 많은 사람과 사귀어 조화를 이룰 수 있으려면 나 자신을 죽이는 법을 배워야 하고, 진심으로 사랑하는 법을 배워야 하며, 사람을 존중하는 법도 배워야 한다. 그와 같은 과정을 통해 외적 조화가 이뤄지고, 그처럼 조화를 이룰 수 있는 사람의 삶 속에 늘 새로운 미래가 담기는 법이다.

청년의 때는 삶의 목적, 사명과 비전을 위해 신앙생활이 바탕이 되어야 하며 이를 위해서 성경을 읽고 기도 하며 하나님과의 교제를 꾸준히 해야 하는 시기입니다. 그렇지 않으면 직장과 사회에서 하나님을 만난 경험과 하나님의 일하심을 느낄 수 없을뿐더러 일에 대한 목적과 방향이 달라지거나 흐릿해져서 일에 대한 의미를 잃어버려 크게 번아웃이 올 수 있습니다.

더 나아가 청년의 시기는 하나님과의 교제, 사명, 비전, 삶의 목적을 분명히 해 가면서 주어진 일과 하는 일에 최선을 다하고 주변 이웃들과 조화를 이루며 자신을 가꿔야 하는 시기입니다.

나눔 때 이 부분들을 꼭 이야기 해주셔서 셀원이 청년의 시기를 하나님과 함께 올바르게 동행할 수 있도록 도와주십시오. 이야기해 주셨다면 다음 나눔에서 셀원이 어떻게 적용하고 있으며 어떤 일들이 있었는지를 나눠보는 것도 아주 좋을 것입니다.

사명과 비전을 공유하라

'요즘 공부할 것들이 워낙 많아 초딩들까지 스펙을 논한다'라는 말이 있습니다. 이 글을 본 책이 2013년 3월에 출간되었는데 지금이 2024년이니 약 11년이 지났습니다. 이미 초등학생들이 스펙을 쌓는 시대는 한참이 지났습니다.

성공의 명언 중 '한 우물만 꾸준히 파야 성공한다.', '하나밖에 모르는 바보가 끝까지 가는 법'이라는 말이 있습니다. 물론 틀린 말은 아니지만 다 그렇지도 않은 시대가 왔습니다. 현시대에 한 우물만 파거나 하나만 안다면 어떻게 될까요?

11년 전과 달리 지금은 과학 기술의 발전으로 인해 너무 많은 정보가 남아도는 시대입니다. 이는 많은 정보로 인해 공부할 양도 더 많아졌다는 이야기입니다. 하나의 직업으로는 당장 생활이 위협받을 정도는 아니지만 그래도 먹고살기 힘든 시대이며 N잡러의 시대가 왔습니다.

요즘은 한 우물이 아닌 우물과 연결된 최소 두 개, 여러 개의 우물을 파야 합니다. 하나밖에 모르는 바보는 사회 속의 치열한 경쟁에서 생존하기가 어렵습니다. 현실적으로 직장과 사회에서도 하나만 할 줄 아는 사람들을 그리 선호하지 않습니다. 부전공, 부업, 전공 외 자격증, 특기 아니면 전공 관련된 자격증 등을 추가로 더 가진 사람들을 더욱 선호합니다. 그래서 많은 직장인들이 부업과 자기 계발에 몰두합니다.

다음으로 《지금 힘들다면 잘하고 있는 것이다》에 나오는 내용입니다.

젊은 재상이 나이 많은 임금에게 어떻게 하면 죄를 짓는 유혹을 피하고 나라를 위한 충신으로 일을 할 수 있겠느냐는 질문을 했다. 임금은 젊은이의 뜻이 기특하여 지혜를 베풀었다. 재상으로 하여금 컵에 물을 가득 채워 이 컵을 들고 제한 시간 안에 시내를 한 바퀴 돌되, 물을 한 방울이라도 흘리면 큰 벌을 내리겠다고 하명하였다. 그리고 칼과 창을 든 군사들을 재상 뒤로 따르게 했다. 젊은 재상은 질문 한번 했다가 큰 곤욕을 치루었다. 드디어 임금이 명한 대로 제시간에 물컵을 들고 궁전으로 들어왔다. 임금님은 크게 칭찬하며 그의 수고를 고마워했다. 그리고 물었다.

"자네가 시내를 도는 동안 여자를 보았나?"

"못 보았습니다."

"그럼 술집을 보았나?"

"못 보았습니다."

"그러면 거리에 있는 사람들이 얼마나 있던가?"

"못 보았습니다. 저는 아무것도 본 것이 없습니다."

“바로 그것이네 내가 할 일을 열심히 하면 하지 않아도 되는 시시한 일은 보이지도 들리지도 않는 법이야”

하나님이 주신 사명과 비전이 있고 삶의 목적의식이 분명하며 미래 지향적인 사람은 나아가는 방향이 올바릅니다. 다른 방향으로 바뀌거나 수정될 수는 있어도 목표는 흔들리지 않습니다.

열심히 생활하는 청년들은 주변을 통해 종종 이런 말을 듣는 경우가 있을 겁니다. ‘요즘 이게 대세라고 하는데 나랑 같이 이거 해보자’,‘네가 정말 열심히 해서 너에게만 제안하는 건데 나랑 같이 이거 하면 성공할 거 같은데?’,‘요즘 이 트렌드가 대세야 진짜 좋은 강의가 있어 이거 같이 들어보자. 가격이 좀 비싸도 굉장히 효과가 있을 거야’ 등등

물론 열심있고 성실한 모습을 좋게 봐주셔서 말해주시는 분들이라 감사합니다. 하지만 이 말을 전부 다 받아들이거나 행동해서는 절대로 안 됩니다.

우리는 현재 정보 과잉 시대에 살고 있습니다. 손에 쥐고 있는 스마트폰을 통해서도 매일 헤아릴 수 없는 정보들이 파도가 밀려오듯 쏟아져 나옵니다. 쉽게 보고 들으며 접할 수 있는 유튜브, 각종 SNS의 릴스, 카페나 블로그 등 인터넷을 통하여 언제 어디서든 원하는 정보를 무한으로 얻을 수 있습니다.

어떻게 보면 정말 다 필요할 거 같고 다 맞는 말처럼 들립니다. 누군가 이 정보들을 보여주며 무엇인가를 제안해 오면 참 그럴듯하기도 합니다. 그러나 물질을 움직이시고 환경과 상황을 바꾸며 세상을 움직이시는 이는 하나님이십니다. 그러기에 그 어떤 정보도 다 분명하지 않고 정보를 뒷받침하는 계획과 예상이 다 정확할 수 없습니다.

무엇이든, 여러 가지를 해도 좋습니다. 다만 죄와 연관되어서는 절대로 안 됩니다. 하나님께서 허락하신 비전과 사명에 맞는 목표와 가까워지는 일들만 하고 나머지 것들은 버려도 됩니다.

가는 길이 광야라면 하나님께서 구름 기둥과 불기둥으로, 홍해로 가고 있다면 바다를 갈라 땅이 되게 하심으로 도우실 것입니다. 만약 지금 필요한 것을 놓쳤다면 하나님께서 적절한 때에 다시 주실 것이기에 너무 걱정 안 하셔도 괜찮습니다.

그리고 교회 청년이라면 비전과 사명, 목표가 있어야 합니다. 더 나아가 자신에게 꼭 필요한 것인지 아니면 굳이 하지 않아도 되는지 분별하는 지혜가 필요합니다.

저 또한 셀원들과 사명과 비전, 학과 선택에 대해 긴 이야기를 나눴습니다. 저의 이야기는 이 책의 마지막 부분에서 나누겠습니다.

셀원이 예수님을 의지하도록 도우라

간혹 종종 그런 사람들을 봅니다. 친한 사람에게 미친 듯이 매달리고 집착하는 사람입니다. '난 너밖에 없어, 너 아니면 만날 사람 없어'라고 하면서 평일에 매일 전화하고 전화를 받지 않으면 화내고 삐지는 사람 그리고 이런 사람 때문에 괴로워하고 스트레스 받으며 심지어 몸져 눕는 리더들이 있습니다.

이러한 사람이 주일 교회에서는 어떨까요? 예배는 뒷전이고 오직 사람만 만나러 오는 것이 목적일 가능성이 높습니다. '무조건 나와 같이 있어야 하고 나랑 같이 밥 먹어야 해'라는 생각으로 사람에게 계속 매달립니다.

물론 만남은 이뤄져야 하고 주변 사람들이 교회에 오는 것부터 초대 교회가 시작된 것이 맞습니다. 그러나 이들에게 의도치 않게 넘어가지 말기를 바랍니다.

과하다 싶다면 적당하게 거리를 두는 것이 맞습니다. 무조건 한 사람에게만 집중할 수 없고 에너지를 쓸 수는 없습니다. 그렇게 한 사람에게만 집중적으로 시달리다 보면 힘이 빠지고 스트레스가 쌓여 결국 몸이 아플 수도 있습니다.

'그래, 나 아니면 저 사람은 힘들어 저 사람은 아직 성숙하지 못해서 그래, 불쌍하잖아'라는 생각 때문에 한 사람의 집착과 욕심을 전부 받아주는 것은 자신만 힘들어질 뿐만 아니라 집착하는 사람마저 스스로 생존하는 능력이 떨어져서 둘 다 죽게 되는 행동입니다.

힘들어하는 사람들을 보면 보통 '그래 이 사람은 나 말고는 만날 사람이 없을 건데, 지금 이 사람은 어려우니까, 심적으로나 정신적으로 아플 수 있으니까'라는 생각에 돕고 싶은 마음이 듭니다.

이 마음이 잘못된 건 아니지만, 그 사람 때문에 힘들거나 스트레스를 받아서는 안 됩니다. 이는 그 사람도 성숙하지 못하고 그 사람을 통해 실족하도록 자신을 방치하는 것입니다. 적당한 거리를 두어야 합니다.

모닥불도 너무 가까이하면 화상의 위험이 있는 것처럼 약간 거리를 두어 적당히 가까워야 따뜻함과 안전함, 멋진 야경과 분위기를 동시에 느낄 수 있듯이 인간관계 또한 그러함을 가르쳐 줘야 합니다. 그리고 사람이 아닌 예수님을 의지하도록 도와야 합니다.

Chapter 6

셀장의 마음가짐과 행동

전지적 셀장 시점

지금까지 저의 경험과 노하우는 끝을 맺습니다. 이번에는 셀장으로서 중요한 부분과 제가 하지 못했지만 좀 더 집중했더라면 좋았을 일들과 아쉬움이 남는 부분에 대하여 좀 더 이야기하려 합니다.

직장인이 셀장하는 것이 바람직하다

저는 2020년부터 2022년까지 셀장으로 섬겼습니다. 2020년에는 대학생으로 2021년과 2022년은 직장인으로 일과 학업을 병행했습니다.

다년간 다른 위치에서 셀장으로 섬겨본 결과 직장이 있고 없고의 차이는 여러 부분에서 확연했습니다.

"형제들이여, 여러분은 우리가 얼마나 열심히 일했는지 아실 것입니다. 우리는 복음을 전하는 동안, 여러분 어느 누구에게도 짐이 되지 않으려고 밤낮으로 열심히 일했습니다."(쉬운성경 살전 2:9)

전도자들이 교회로부터 보수를 받는 것은 당연하다고 이야기한

바울이었지만 바울 일행은 교회의 성도들에게 경제적으로 부담을 주지 않기 위하여 스스로 생활비를 마련했다는 것을 알 수 있습니다.

당시 그리스 사람들이 육체노동을 멸시하고 정신 활동을 중요하게 여긴 데 비해, 유대인들은 육체노동도 중요하게 여겨 랍비들은 모든 소년이 직업 훈련을 받도록 가르쳤습니다. 바울은 천막 제조 기술(사도행전 18장 2~3절)을 지니고 있어 이것으로 생계를 유지할 수 있었습니다.

셀장 혹은 리더들이 직업이 있고 안정적인 수입이 있다면 재정적으로 시험에 드는 위험도 적을뿐더러 다른 이들에게도 부담을 주지 않는다는 것입니다.

만남과 교제에도 비용이 들어가지 않을 수가 없습니다. 커피 값이나 식사비 등 최소한의 비용이 들어갑니다. 이렇게 최소한의 비용이 들어가는 선에서 만남과 교제가 꾸준히 이뤄져야 하는데 재정이 부족하다면 참 안타까울 것입니다.

직장 생활을 하면서도 충분히 섬기고 헌신할 수 있습니다. 그렇다고 무리하게 섬기고 헌신하라는 뜻은 아닙니다. 재정과 시간 모두 가능한 선에서 하시는 것이 좋습니다.

한 가지 더 말씀드리면 직장과 사회에서 일하며 신앙생활을 하는 사람과 무직인 상태에서 신앙생활을 하는 사람이 있다면 이 두 사람이 말하는 하나님과 배우고 경험한 이야기들이 같을까요? 저는 천지 차이라고 말하고 싶습니다.

직장 생활과 사회활동을 하는 사람은 직업으로 인한 비전과 사명에 가까워짐, 일터에서 경험한 하나님과 은혜, 일터에서 적용했었던 혹은 적용하고 있는 말씀 구절, 좌충우돌한 경험, 억울했지만 참고 버티면서 하나님께 드린 기도, 일에 대한 마음가짐, 월급에 대한 적절한 사용법, 직장에서의 마음가짐, 직장과 사회에서의 기독교 인식과 복음 전도, 앞으로 나아감과 마음가짐, 직장 동료들과 사회를 위한 기도 등등 정말 셀원들에게 해줄 이야기들이 차고 넘칩니다.

그러나 무직인 사람은 만남과 교제를 위한 개인 시간은 남아 돌아다닐 수 있어도 정작 해줄 수 있는 이야기들이 많지 않습니다. 기껏 해봐야 일주일 동안 했던 큐티 혹은 어떻게 한 주를 보냈는지, 뭐 하고 지냈는지 이야기할 수 있을 것입니다.

만남과 교제에 들어갈 비용을 감당하기가 어려울 것입니다. 이전에 월급의 10% 미만으로 비용을 분배하라고 했지만 정작 그 비용도 적은 금액은 아니며 직장인들도 부담인 금액입니다. 무직인 분들은 말할 것도 없습니다.

웬만해서는 직장과 사회에서 자리를 잡은 직장인들이 셀장으로 섬겨주시는 편이 가장 안정적일 것이며 무직이거나 직장과 사회에서 자리를 잡지 못하신 분들의 경우 셀장보다는 다른 부분에서 섬기시길 부탁드립니다.

아직 취직이 안 된 청년들이 있다면 하루빨리 직장과 사회에서 안정적으로 자리를 잡을 수 있도록 기도합니다.

동역자가 절실하다

위에서 설명을 한 시스템을 전부 혼자서 진행하려면 굉장히 벅찹니다. 설령 셀원이 잘 따라와 준다고 해도 벅찰 수 있습니다. 그래서 셀장이 힘들고 어려울 때 같이 일을 나눌 수 있고, 옆에서 도와주며 점검도 해주고 이야기도 들어줄 수 있는 부셀장 또는 친구나 성숙된 셀원이 필요합니다.

제가 2022년 셀장으로 활동할 때 특별하게 감사한 이들이 세 명 있습니다. 두 명은 같은 셀원이고 또 한 명은 같은 셀은 아니지만 바쁘고 어려운 중에도 저를 도와준 절친입니다.

절친은 당시 소방공무원 시험 준비 중임에도 불구하고 셀 아웃팅 때 차량과 개인 사비로 10만원을 지원해 줬습니다. 그리고 제가 힘들고 지칠 때마다 이야기를 들어주고 나눔을 해주며 좋은 시간을 함께해 주었습니다. 제가 잘못하고 있는 부분이 있으면 따끔한 충고도 해준 너무나도 고맙고 든든한 친구입니다. 이 친구는 지금 소방공무원 시험에 최종 합격하여 훈련을 받고 있습니다. 아마 여러분들께서 이 책을 읽고 계실 시기에 이 친구는 근무지를 발령 받고 소방관으로 근무를 하고 있을 것입니다.

셀원 중 한 명은 매우 성숙한 자매였습니다. 셀 초기에 형제인 제가 자매들과의 1 대 1 첫 만남이 어려운 상황에서 함께 해달라고 도움을 요청했을 때 거의 매번 함께 해 주었고 새내기들과 첫 만남을 가져야 하는 경우에도(당시 저와 새내기는 6살 차이였습니다.) 함께 해줘서 정말 큰 힘이 되었습니다. 이외에도 많은 모임과 만남을 빠지지 않고 함께 해주었습니다.

지금 이 자매는 다음 해에 셀장 활동을 하지 않지만 대학원에 진학하여 자신이 하고 싶은 분야를 향해 누구보다 열심히 공부하고 연구하며 정확히 달려가고 있습니다.

또 다른 셀원 한 명은 형제이며 자매 셀원 못지않게 많은 셀 모임에 참여해 주었고 절친처럼 제 옆에서 여러 이야기들을 들어주며 위로와 격려를 해준 친구이자 약간 다혈질인 제가 화가 남으로 일을 그르칠 뻔한 상황에서 진정시켜주고 다시금 생각하게 해줌으로 일을 그르치지 않도록 다잡아줬습니다. 더군다나 이 셀원에게 여러모로 많이 고마웠지만 정말 고마운 것들 중 하나는 해외에서 유학중임에도 불구하고 한국에 잠시 귀국하여 여름에 있었던 아웃팅에 참여해주었다는 것입니다. 지금 현재 이 형제는 오스트리아에서 바이올린 학사 과정을 밟고 있습니다.

2022년은 워낙 일정이 많아서 혼자서는 셀장으로 온전히 섬길 수 없었지만 옆에 든든한 동역자들이 있었기에 온전히 섬길 수 있었다고 말하고 싶습니다.

셀원들과 재정, 시간, 그리고 마음을 나눠라

"사람들은 사도들의 가르침을 받으며 서로 교제하고, 빵을 나누어 먹고 기도하는 일에 힘썼습니다. 사도들을 통해 많은 기적과 표적이 나타났습니다. 그러자 모든 사람들에게 두려운 마음이 생겼습니다. 믿는 사람들은 다 함께 모여 모든 물건을 공동으로 사용하며 살아갔습니다. 그들은 재산과 모든 소유를 팔아서 필요한 사람들에게 나누어 주었습니다. 그들은 날마다 한마음으로 성전 뜰에 모였습니다. 그리고 집집마다 돌아가며 함께 모여 기쁘고 순수한 마음으로 식사를 같이 하였습니다. 그들은 하나님을 찬양하였으며, 모든 사람에게서 칭찬을 받았습니다. 주님께서는 구원받는 사람을 날마다 늘어나게 하셨습니다."(쉬운성경 행 2:42~47)

이는 믿는 사람들의 나눔을 이야기하는 부분입니다. 다음 세대와 공동체를 위해 셀원이 하나님과 관계를 돈독히 할 수 있도록 양육하고 청년의 시기를 올바르게 보낼 수 있도록 가르치기 위해서는 셀원들과 함께해야 합니다. 프롤로그에서도 말한 것처럼 사랑하고 소통하기 위해서는 관심을 먼저 가져야 합니다.

돈의 씀씀이를 보면 사람의 관심사를 알 수 있으며 관심 있고 마음에 드는 사람들과 긴 시간을 보내고 싶듯이 셀원을 위해 적절하게 재정과 시간을 조율하여 분배해야 합니다. 그래서 셀원들을 향한 관심과 사랑, 마음을 표현하시며 함께 소통해 나가길 바랍니다. 그렇게 한다면 공동체와 셀은 하나님의 은혜와 사랑 속에서 더욱 단단해질 것이며 이는 다음 세대 활성화에 한 걸음 더 나아갈 수 있는 발판이 될 것입니다.

기도, 성경 공부, 순종을 토대로 하나님과의 교제하라

저는 대학생 시절 CCC에서 《새 생활의 시작》이라는 소책자로 하나님과 교제하는 방법에 대해 배웠고 제가 담당한 순원들 역시 그렇게 가르쳤습니다. 그리고 대학생 때 배우고 가르친 하나님과 교제하는 방법은 지금까지 계속되고 있습니다. 여기서부터 말씀드릴 기도, 성경 공부, 순종으로 하나님과 교제하는 방법과 내용은 《새 생활의 시작》이라는 소책자를 바탕으로 한 내용과 저의 적용 및 이야기로 설명하겠습니다.

사람의 신체가 성장하며 건강하게 살아가기 위해서는 공기, 음식, 운동이 필요하듯 영적 생명에도 성장하고 건강하게 살아가는 데 필요한 것이 있습니다.

영적인 성숙은 예수님을 신뢰하면서 이뤄지며 영적으로 성숙할 수록 우리의 삶은 더욱 풍성해집니다.

"의인은 믿음으로 말미암아 살리라"(갈 3:11)

믿음으로 사는 삶이란 과연 무엇일까요? 이는 일상에서 일어나는 작은 일 하나까지 하나님을 신뢰하며 맡기는 것입니다.

그리스도인의 믿음 성숙을 위해서는 기도, 성경 공부, 순종 이 세 가지가 있으며 이는 하나님과 교제하는 3요소입니다.

첫째, 셀원을 위해 기도하고 셀원과 함께 할 수 있음에 감사하라

기도는 하나님과 대화하는 것입니다. 우리가 다른 사람들과 친해지고 원활한 관계를 이어가기 위해서는 서로 대화와 소통이 필요하듯이 하나님을 더 깊이 알고 친해지기 위해서는 기도해야 합니다. 그리스도인은 기도할 때 영적으로 성장합니다. 풍성한 삶을 살지 못하는 것은 대부분 기도에 실패하거나 기도 하지 않던지 혹은 잘못된 기도를 하기 때문이기도 합니다.

"아무것도 염려하지 말고 다만 모든 일에 기도와 간구로 너희 구할 것을 감사함으로 하나님께 아뢰라 그리하면 모든 지각에 뛰어난 하나님의 평강이 그리스도 예수 안에서 너희 마음과 생각을 지키시리라"(빌 4:6~7)

"항상 기뻐하라. 쉬지 말고 기도하라. 범사에 감사하라 이는 그리스도 예수 안에서 너희를 향하신 하나님의 뜻이니라."(살전 5:16-18)

제가 공동체를 위해 셀을 활성화하겠다는 마음과 셀원들을 향한 마음을 2022년 한 해 동안 잘 지킬 수 있었던 것은 탄탄한 재정과 그에 맞는 재정 관리 그리고 바쁜 일정 속 올바른 시간 관리도 한몫을 했지만 가장 큰 요소는 기도라고 말하고 싶습니다.

마음먹고 다짐하는 것보다 그 마음을 끝까지 지켜 나가고 실천하는 것이 중요합니다. 마음을 지키지 못한다면 흔들릴 수밖에 없고 느슨해집니다. 마음이 약해지고 느슨해지면 실천으로 옮기기도 어렵고 부담이 됩니다.

매일 밤 기도 시간마다 저의 기도 제목, 셀과 셀원 개인의 삶과 신앙, 셀원에게 받은 기도 제목을 가지고 기도했습니다. 아마 제가 기도를 하지 않았다면 셀원을 향해 시간과 재정, 그리고 마음을 나누지 못했을 겁니다.

기도함으로 인해 다짐했던 마음을 셀장의 섬김이 끝날 때까지 지킬 수 있었고, 힘들고 어렵거나 바쁜 와중에도 셀원을 향한 마음과 셀 모임을 포기하지 않을 수 있었습니다.

저는 가끔 인스타그램에 감사 일기를 작성함으로 감사를 표현합니다. 그 감사 일기에는 셀 모임의 내용과 셀원의 감사도 적어놨습니다. 셀원을 위한 기도를 하고, 안 하고는 셀원이 성숙해 가며 잘 생활하고 있음에 대한 감사와 셀장과 셀원을 모두 사랑하시고 돌보시는 하나님을 더욱 깊이 느낄 수 있는 부분에서 분명하게 차이가 나타납니다. 저 또한 셀 모임 중 나눔 시간에서 셀원이 맡은 바를 잘하고 있는 모습을 보았을 때 참으로 기뻤습니다.

솔직히 셀원으로 인해 항상 기쁘기는 좀 어렵지만, 셀장은 본인과 셀원을 위한 기도를 해야 하며 셀원과 함께하는 시간에 감사해야 합니다.

셀원이 성숙해 가는 모습과 자신이 가고자 하는 길과 맡은 분야에서 최선을 다하는 모습 속에서 하나님의 사랑과 은혜를 경험한다면 큰 기쁨을 느낄 수 있습니다. 이 같은 기쁨을 많은 셀장과 리더분들이 꼭 느끼셨으면 좋겠습니다.

둘째, 꾸준히 성경을 읽고 묵상하며 주일 설교를 잘 듣고 정리하여 셀원과 나눠라.

음식은 신체가 성장하고 건강을 유지하는 데 필수입니다. 음식을 먹지 못하면 몸은 허약해지며 병에 걸릴 수 있습니다. 영적 성장 또한 마찬가지입니다. 성경은 하나님의 말씀이며 영혼의 양식과 같습니다.

"모든 성경은 하나님의 감동으로 된 것으로 교훈과 책망과 바르게 함과 의로 교육하기에 유익하니 이는 하나님의 사람으로 온전하게 하며 모든 선한 일을 행할 능력을 갖추게 하려 함이라"(딤후 3:16-17)

성경은 하나님의 감동으로 된 것이며 하나님에 대한 지혜를 배울 수 있기에 교훈과 책망과 바르게 함과 의로 교육하기에 정말 유익합니다. 이러한 성경을 읽고 공부한다면 하나님의 방법으로 모든 일을 선하게 풀어갈 수 있는 지혜와 능력을 배울 수 있습니다. 그렇다면 성경은 언제 읽어야 할까요?

"베뢰아에 있는 사람들은 데살로니가에 있는 사람들보다 더 너그러워서 간절한 마음으로 말씀을 받고 이것이 그러한가 하여 날마다 성경을 상고하므로"(행 17:11)

음식도 하루 이상 먹지 않으면 배가 고프고 신경이 예민해지며 힘이 없어지듯이 영의 양식인 성경 또한 매일 읽고 묵상해야 합니다. 그 이유는 우리는 기도로 하나님께 이야기하고 하나님은 성경으로 우리에게 답을 하시기 때문입니다.

개인 삶에서 일어나는 많은 상황과 문제들을 풀어 가는데 올바르고 선한 해답을 찾아감으로 날로 자신의 지혜와 능력을 키워나가며 하나님과 가까워지기 위해서는 성경을 읽고 묵상해야 합니다. 성경 공부 이야기는 이쯤하고 이제 셀원과 어떻게 나눴는지를 말씀드리겠습니다.

셀장으로 섬긴 2022년의 방법은 아니며 2020년부터 2021년까지 사용했던 방법입니다. 2020년도 2022년과 다를 바 없이 주일마다 교회에서 진행한 셀 모임 시간은 그리 많이 주어지지 않았습니다. 기껏해야 20~30분이었습니다. 이렇게 짧은 시간에 말씀 나눔은 거의 불가능에 가까웠습니다. 그냥 수다 떨고 한 주간의 근황만 나누면 끝이었습니다.

그때 선택한 방법은 설교를 듣고 정리하여 셀 단톡방에 올리는 것이었습니다. 이러한 방식으로 나누게 된다면 피치 못할 사정으로 교회에 나오지 못한 셀원이 설교를 볼 수 있다는 장점이 있습니다.

설교를 단톡방에 올리는 방식은 말씀 구절, 시대적 배경과 상황, 교훈과 적용 등으로 정리했습니다.

2021년 7월 11일 설교 말씀

말씀 구절: 전도서 3장 1~2절

오늘 설교 내용을 말씀드리기 전에 전도서에 대한 내용을 먼저 말씀드릴게요. 전도서의 저자는 골리앗을 쓰러뜨린 다윗왕의 아들 솔로몬이 쓴 것이며, 솔로몬은 세상적인 것을 추구하는 인생에서는 진정한 즐거움이나 의미를 발견할 수 없음을 자신의 경험에 비추어서 설명합니다. 또한 인간의 유한성과 하나님께서 모든 것을 그분의 섭리에 따라 정하셨음을 깨닫고 하나님을 경외할 것을 촉구하고 있습니다.

솔로몬은 사람들이 최고라고 여기는 가치들을 모두 소유하고 누려본 사람이었으며 전도서는 그러한 그가 인생에서 허무와 좌절을 체험한 후 다시금 하나님께로 돌아와 겸손히 털어놓는 자기 고백이라 말할 수 있습니다.

솔로몬은 인간의 지혜, 쾌락, 수고, 성공, 욕심, 명성, 부 등 모든 것이 헛되다는 것을 깨달았으며 이로 인해 이미 헛된 것으로 드러난 것들을 추구하는 것은 삶과 젊음을 허비하는 것이며 창조주 하나님을 경외하고 그분의 명령을 지켜 행하는 것이야말로 인생의 참된 지혜라고 말하고 있습니다.

오늘 설교 내용입니다. 전도서 3장입니다.

1절: 하늘 아래 모든 일에는 정한 때가 있고, 시기가 있는 법이다.

2절: 날 때가 있고, 죽을 때가 있고, 심을 때가 있고 뽑을 때가 있다.

* 모든 일: 히브리어의 원문으로는 '갈망', '사람이 갈망하는 것'을 뜻하며, 여기서는 사람들의 의도적인 행동들을 가리키고 있습니다.
* 정한 때: 전도서 3장 1~8절까지 보시면 서로 대비되는 구절들을 열거하고 있습니다. 이로 인해 모든 일에는 합당한 시기가 있음과 그 시기는 우리의 주관이 아님을 말하고 있습니다.

추가로 전도서 3장 11절을 말씀드릴게요.
11절: 하나님은 모든 것을 제때 아름답게 지으셨고 사람의 마음에 영원의 감각을 주셨지만, 하나님께서 처음부터 마지막까지 행하실 일은 다 깨달을 수가 없다.

* 사람은 하나님의 영원하신 계획과 섭리를 알지 못합니다. 그래서 자신의 수고가 하나님이 보시기에 지속적인 가치를 지니고 있는지 확인할 수 없습니다. 따라서 설교자(솔로몬)는 현재의 삶에 충실해야 함을 다시 한번 권고합니다.

사랑하는 셀원 분들~오늘 본문 1절처럼 날 때와 죽을 때, 심을 때와 뽑을 때, 라는 말은 서로 반대되며 극과 극임을 알 수 있습니다. 시작과 끝을 의미하기도 하죠. 삶으로 말하자면 탄생과 죽음을 뜻하겠지요.

프랑스의 철학자 사르트르는 '인생은 B와 D 사이의 C이다'라고 합니다. 여기서 B는 Birth(탄생), D는 Death(죽음), C는 Choice(선택) 이라고 합니다.

사람들은 삶 속에서 많은 선택을 하면서 살아갑니다. 저번주에 말씀드렸던 바와 같이 많은 사람들이 하나님을 모르고 자신의 갈급함을 채우기 위해 잘못된 세상의 것들을 많이 선택하며 살아갑니다.

(저번 주 내용 일부를 잠시 드립니다.)

그리고 우리가 세상의 것들을 너무 부러워하지 않기를 기도합니다.

오늘 설교처럼 세상 속의 인스타에 있는 유흥거리와 넓고 많아 보이는 인간관계가 재밌어 보이고 좋아 보이며 안전하고 평안할 것처럼 보이긴 하나, 안타깝지만 알코올 중독과, 성 중독, 관계 중독, 올바르지 못하고 믿지 못하는 관계가 많습니다.

(참고로 주 2회 이상 술을 마시러 간다거나 편안함과 재미로 술을 찾는 사람은 이미 알코올 중독 초기 증상에 이르렀으며 우리나라 인구 중 80%가 알코올 초기 증상 상태라고 합니다.)

이는 왜 이러한 것일까요? 다 부족함과 갈급함에서 나오는 증상들입니다.

직장이나 학교, 등등 여러 요인으로 인한 스트레스와 어려움을 해결하고 잊고 싶은 마음에 술을 찾게 되고, 쾌락을 위해 알코올과 성 중독에 빠지며, 외로움과 우울함 때문에 관계 중독에 빠지게 됩니다. 이는 부러워하거나 혹은 멸시하고 질타할 것이 아닙니다. 불쌍히 여겨야 하고 기도해야 하며 우리 그리스도인들이 나서서 세상에서 그리스도의 향기를 전파하며 진정한 안식처와 채움, 풍족함과 평안함을 주시는 예수님께 돌아올 수 있도록 도와야 하는 것입니다.

마지막 결론입니다. 쉽지 않고 어려운 길이지만 우리를 거절하고 복음과 예수님을 거절하는 세상에 상처받을 수 있으나 예수님의 사랑과 은혜를 기억하고 감사하면서 이들을 불쌍히 여기고 기도하며, 세상 속에서 그리스도의 향기를 내뿜으며 세상이 감당하지 못하는 세대로 성장하는 우리 셀과 대학부가 되기를 기도합니다.

여기까지가 저번 주 내용이며 이번 주 내용으로 다시 돌아오겠습니다.

솔로몬은 이것들이 다 헛수고이며 헛된 선택이라고 말합니다. 그 이유는 영생과 평안이 없기 때문이죠, 영생과 평안은 하나님께만 있습니다. 즉, 하나님이 그들에게 없기 때문이라고 해도 과언이 아닙니다.

그렇다면 우리는 어떻게 살아가야 할까요?

바로 BCD에 E를 추가해 BCDE 삶을 살아가는 것입니다. 여기서 E는 Eternal life, 영원한 삶을 의미합니다. BCDE 삶은 영생을 선물해 주신 하나님의 말씀을 기억하고 믿고 나아가며 세상 속에서 올바른 선택을 하며 살아가는 것이죠, 이는 쉽지 않습니다.

세상의 선택이 좋아 보이고 세상 사람들은 특이하게 쳐다볼 수 있으며, '왜 어려운 선택을 하는 것인가?'라고 생각하거나 우리를 조롱하고 핍박할 수 있습니다.

하지만 우리가 하나님의 말씀대로 선택했다면, 우리의 맞는 선택을 한 것입니다. 세상의 선택이 잘못되고 헛된 것이지요, 올바른 선택을 하려면 하나님과 교제해야 합니다. 즉 기도와 성경을 읽고 순종하는 것이지요, 여기서 끝이 아니라 우리가 하나님을 기억하며 올바른 선택을 해 나간다면 세상 속에서 그리스도인의 올바른 모습을 보여줄 수 있습니다. 그러다가 세상 사람 중 한 명이라도 우리의 모습을 보고 다시 주님 곁으로 돌아온다면 그보다 더 큰 기쁜 일이 있을까요?

내일이면 다시 세상에 나아갈 것이고 세상 속에서 하나님의 말씀을 선택하는 것이 쉽지만은 않을 것입니다. 하지만 그 쉽지 않은 선택과 그로 인한 고난과 역경, 세상 속의 거절이 있다 하더라도 이후에 하나님의 선하신 뜻이 임하는 때에 역사가 바뀜을 믿고 나아가는 우리 대학부 지체들이 되었으면 좋겠습니다.

한 주간도 말씀 속에서 승리하세요~^^

2020년과 2021년의 묵상 내용을 다시 찾아보면서 아직 공부를 한참은 더 해야 할 거 같다는 생각이 들었습니다. 저 또한 많이 부족하지만, 이러한 방식으로 정리를 하는 것은 하루아침에 가능하지는 않을 것입니다.

훈련이 되어야 하고 능숙하기 위해서는 늘 성경을 읽고 묵상하며 본문의 시대적 배경이나 상황을 공부해야 가능할 것입니다. 성경은 공부한 만큼, 아는 만큼만 보이기 때문입니다. 더 잘 보기 위해서는 더 많이 공부하고 알아가는 방법밖에 없습니다.

셀장 개인의 하나님과의 교제와 셀원의 성숙을 위해서 셀장은 성경 공부를 통한 하나님과의 교제를 끝까지 붙들고 가시기를 바라고 기도합니다.

셋째, 기도하고 성경을 읽고 공부하며 묵상했다면 말씀에 순종하라

그리스도인이 성장하기 위해서는 단순히 기도와 성경 공부, 묵상만으로는 충분치 않습니다. 생각이 바뀌면 말이 바뀌고 말이 바뀌면 행동이 바뀌듯이 행동으로 나와야 합니다. 즉 실천이 중요하며 그

실천은 순종을 뜻합니다.

"너희는 말씀을 행하는 자가 되고 듣기만 하여 자신을 속이는 자가 되지 말라"(약 1:22)

모르고 저지른 잘못보다 알면서도 저지른 잘못이 더욱 나쁘듯이 성경을 모르고 말씀대로 살지 않은 것 보다 하나님의 말씀을 알고 있음에도 불구하고 순종하지 않는 행위가 더욱 나쁩니다. 말씀을 듣고 행하지 않는다면 자신을 속이는 행동이 되는 것입니다.

만약 셀장이 그렇다면 이는 셀장 자신뿐만 아니라 자신이 돌보는 셀원에게도 올바르게 이야기하거나 가르치지 못할 것입니다. 즉 자신을 속일 뿐 아니라 셀원도 속이게 될 수 있다는 말입니다. 이는 사기를 치는 것과 똑같습니다.

물론 완벽하게 말씀을 다 지킬 수는 없습니다. 실수할 수 있고 실패할 수 있습니다. 저도 실수하고 실패합니다. 직장과 학력, 스펙이 아무리 좋다고 해도 말씀에 근거한 순종 없이는 나눔 때 할 말이 없다는 것은 더 말할 것이 없습니다. 말씀에 근거한 순종 없이 직장과 학력 스펙에 대해 떠든다면 이는 그냥 자랑하는 것과 다를 바가 없습니다.

"나의 계명을 지키는 자라야 나를 사랑하는 자니 나를 사랑하는 자는 내 아버지께 사랑을 받을 것이요 아도 그를 사랑하여 그에게 나를 나타내리라"(요 14:21)

재밌는 이야기 하나 드리겠습니다.

어느 한 대학교에서 한 학생과 교수님이 있었습니다. 학생은 교수님을 존경했고 좋아했습니다. 그래서 교수님께 "교수님 다음에 제가 커피나 케이크 한 번 사겠습니다."라고 말했고 교수님은 "아이고 말만이라도 고맙구나."라고 답변했습니다.

세월이 흘러 학생은 대학을 졸업했고 취업에 성공했습니다. 그 학생은 마침 쉬는 날에 길을 걷다가 카페에서 가족들과 이야기를 나누시는 교수님을 봤습니다. 그 학생은 카페에 들어가 조각 케이크 두 개를 구매해 교수님께 드리면서 "교수님~안녕하세요 오랜만에 인사드립니다. 케이크도 드시면서 이야기 나누세요~다음에 또 뵙겠습니다."라고 말한 후에 다시 가던 길을 갔습니다.

교수님의 마음은 어떨까요? '커피나 케이크 한 번 사겠습니다.'라는 제자의 말과 마음만으로도 고마운데 그 마음을 제자의 행동으로 인해 확인하신 교수님의 마음은 아마 정말 기쁘실 것이라는 생각이 듭니다. 이 이야기는 저의 이야기 입니다.

위와 같이 사랑하고 존경하는 마음은 행동으로 나타나게 됩니다. 사랑하지 않고 존경하지 않는다면 행동 또한 나오지 않는 것처럼 하나님을 사랑하는 사람은 말씀을 지키고 순종하는 사람임을 잊지 않으셨으면 좋겠습니다.

마지막으로 순종이 주제인 설교 묵상 내용을 추가로 보여드리고 싶습니다. 이 또한 셀 단톡방에 공유한 내용입니다.

2020년 2월 9일 설교 말씀

말씀 구절: 마가복음 6장 1~7

예수님께서는 고향인 나사렛으로 가셨고 안식일이 되자 회당에서 사람들을 가르치기 시작했습니다. 그때 나사렛 사람들은 예수님의 말씀을 듣고 놀라워하지만, 그는 "마리아의 아들 목수가 아니냐?"라고 하면서 예수님을 비하하고 비꼬며 심지어 배척합니다. 이후 예수님은 나사렛에서 몇 명 환자들만 고쳐주셨을 뿐 많은 기적을 일으키지는 않으셨습니다.

당시 유대인들이 '누군가의 아들'이라고 할 때는 보통 아버지의 이름을 대지만 오늘 본문에서는 어머니의 이름을 댑니다. 이는 요셉이 죽었거나 아버지가 있지만 굳이 어머니의 이름을 대면서 비하하는 것입니다.

이전에 예수님을 누구보다도 잘 알고 있었고 당일 예수님의 가르침을 받았던 나사렛 사람들이 왜 예수님을 믿지 못하고 불신앙과 배척의 장본인이 된 걸까요?

마을 사람들은 예수님을 알고는 있었으나 그저 지식적으로만 알고 있었고 그러기에 너무 익숙해져 버려서 말씀에 감동은 되었으나 순종으로 되지 못하고 배척하게 된 것입니다. 이는 알기는 알지만, 말로만 실컷 떠들어 대면서 행동으로 보여주지 못하는 가식적인 모습들과 다를 것이 없습니다.

지식적으로 아는 것도 중요하지만, 아는 것이 행동으로 나와야 합니다. "행함이 없는 믿음은 곧 죽은 것이라"라는 말씀 다들 기억하시죠?

예수님 시점에서 보겠습니다. 마가복음 3장에서 예수님은 나사렛을 한번 방문한 일이 있었습니다. 그러나 이때 역시 사람들이 '예수가 미쳤다'라고 하였고 율법 학자들은 '예수가 바알세불이 들려 귀신의 힘으로 귀신을 내쫓는다.'라고 했습니다. 여기서 바알세불은 귀신들의 대장입니다.

한 번 쫓겨난 일이 있는 나사렛 지역이라 두 번째 방문은 참으로 부담이 될 수도 있었을 터이지만 예수님은 가셨습니다. 복음을 전하는 것이 하나님의 뜻이었기 때문입니다.

우리가 속해있으며 살아가고 있는 세상 또한 그리 호락호락하지 않습니다. 수많은 유혹과 핍박, 어려움과 시험이 있습니다. 그러나 내가 무엇 때문에 이 일을 해야 하는지, 하나님께서 나에게 주신 사명이 무엇인지 알고 그것을 가지고 나아가야 합니다. 진정한 사명자는 말씀에 순종하고 하나님만 경외하기에 주저하지 않고 쓰러지지 않음을 기억하시기를 바랍니다.

우리가 매일 주님의 일을 행할 수 있도록 주님은 우리에게 은혜를 부어 주십니다. 이 은혜를 알기 위해서는 기도, 말씀 묵상으로 나아가야 합니다.

사랑하는 셀원분들 아는 것도 중요합니다. 하지만 아는 것에 익숙해져 있는 것이 아닌 행동과 순종으로 그리스도의 삶을 살아가기를, 그리고 그 삶을 살아가는 데 필요한 은혜를 매일 기도와 말씀으로 하나님 앞에 나아가며 알아가는 셀원이 되기를 기도합니다~^^ 이번 한 주간도 화이팅이며 사랑하고 축복합니다.

하나님의 관점과 생각으로 바라보라

예수님께서 택하신 12명의 제자들은 지위나 신분이 높거나 뛰어난 고등 교육을 받은 사람들이 아닙니다. 모두 한계와 부족한 점을 가지고 있었습니다. 그러나 예수님은 제자들의 약점과 부족한 점이 아닌, 가능성에 초점을 맞추어 그들을 선택하시고 가르치셨습니다.

예수님께서 삶의 현장에서 친히 모범을 보이시며 소수 정예화를 목표로 제자들을 가르치셨기에 제자들은 예수님께서 승천하신 후에도 예수님이 하셨던 사역을 계속해서 진행해 나갈 수 있었습니다.

셀원들 각자의 모습은 전부 다릅니다. 셀원을 보면 성숙함으로 자신의 앞가림을 잘하면서 교회에서 섬김까지 하는 셀장과 리더들이 배워야 하는 흔치 않은 셀원이 있는가 하면 상처가 많고 미성숙해서 상황과 환경이 어려워 많은 사람과 셀장, 리더들에게도 부담이 되는 셀원이 있습니다.

이렇게 두 부류로 나누어 현실적으로만 바라본다면 셀장과 리더들은 앞서 말한 성숙하고 앞가림 잘하며 섬김까지 잘하는 셀원을 선호할 것입니다. 뒤에 말한 셀원은 외면당하거나 최악의 경우 공동체에서 떨어져 나가 큰 상처를 받는 상황이 일어날 수 있습니다.

그러나 현실보다는 가능성을 봐야 합니다. 간혹 이렇게 말하는 분들이 계십니다. "가능성이 있는 사람들은 현실 속에서도 빛을 발하거나 못해도 절반은 먹고 들어가며 누군가에게 부담이 되지는 않는다." 틀린 말은 아닙니다. 먼저 말한 셀원이 뒤에 말한 셀원보다 더 가능성이 있어 보이기도 합니다.

몇 가지 질문을 드립니다. 어떤 사람이라도 다른 사람에게 한 번이라도 부담되지 않았던 순간이 있었을까요?

아무리 완벽에 가까울 만큼 훌륭한 사람이라도 이때까지 살아오면서 누군가에게 피해 한 번 안 끼치고 살아왔을까요?

"절반은 먹고 들어간다."라고 말한 사람은 주변 사람들이나 직장 속에서 같은 나이 중에서 비교했을 때 절반을 차지하고 있을까요? 주변 사람들과 직장 상사들, 교회 성도들은 그렇게 평가할까요?

스스로 그렇게 생각한다면 그것은 큰 교만이지 않을까요?

마지막 질문으로 하나님께서 평가하실 때 먼저 말한 셀원이나 뒤에서 말한 셀원의 가능성이 다를까요? 아뇨 둘 다 100% 가능성이 있다고 말씀하실 겁니다. '셀원을 향한 하나님의 마음은 어떠하실까?'를 생각하시며 셀원을 바라보시면 참 좋겠습니다.

<하나님 아버지의 마음>이라는 찬양을 소개해드리고 싶습니다.

아버지 당신의 마음이 있는 곳에 나의 마음이 있기를 원해요
아버지 당신의 눈물이 고인 곳에 나의 눈물이 고이길 원해요
아버지 당신이 바라보는 영혼에게 나의 두 눈이 향하길 원해요
아버지 당신이 울고 있는 어두운 땅에 나의 두 발이 향하길 원해요
나의 마음이 아버지의 마음 알아
내 모든 뜻 아버지의 뜻이 될 수 있기를

나의 온 몸이 아버지의 마음 알아 내 모든 삶 당신의 삶 되기를

위의 찬양의 가사처럼 셀원 한 명 한 명에게 마음과 시선이 가고, 셀원의 아픔과 어려움을 같이 아파하고 눈물 흘리시는 하나님의 마음으로 셀원과 함께 하셨으면 좋겠습니다.

셀원의 세계로 들어가 보라

부담이 되고 어려우며 이해가 되지 않는 셀원이 있다면 기도해 주고 기다려주는 것도 큰 도움이지만 그 셀원의 세계로 들어가 보는 것은 어떠할까요?

《그들은 교회가 아니라 리더를 떠난다》에서 나오는 내용입니다.

당신은 매일 아침 출근길에 스타벅스 카페에 들르고 시간에 카페에 도착하는데 한 아가씨도 늘 그 시간에 나타난다. 아가씨와 나란히 줄을 선 게 벌써 여러 날이다. 주문하는 커피도 탈지유를 넣은 에스프레소로 똑같다.

아가씨는 고트 문화에 심취해 있는 거 같다. 검은 머리, 검은 옷, 무릎까지 오는 부츠, 검은 손톱, 검은 립스틱, 코와 입술과 귀와 눈썹에 있는 피어싱, 곳곳에 있는 문신, 아가씨는 배낭에서 돈을 꺼낸다. 배낭을 든 채 돈을 꺼내는 모습이 때로는 힘들어 보인다.

그 아가씨는 남들과 눈을 잘 마주치지 않는다. 당신은 말을 붙여보고 싶다. 커피 값을 계산할 때 배낭을 들어주고 싶다. 하지만 당신은 고트 문화에 대해 아는 것이 거의 없다. 괜히 말 붙였다가 싸늘한 침묵과 눈빛에 당황할지도 모른다.

다정하게 대해 볼까? 아침마다 같은 스타벅스에 오는 이유라도 한 번 알아볼까? 아침 인사를 나눠 볼까? 무슨 일을 하는지 물어볼까?

그렇게 하라 그녀의 세계로 들어가라 카페에 들어오자마자 카페 직원은 우리가 뭘 주문할지 미리 알고 있었을 거라고 말해 보라 그녀가 계산할 때 배낭을 들어주라 이틀쯤 지나면 당신의 이름을 밝히고 아가씨의 이름을 물어보라 아가씨가 며칠 보이지 않으면 다시 만나게 될 때 아프진 않았는지 걱정되었다고 말해주라.

왜 그래야 할까? 의사의 눈으로 보면 하나님이 치유하실 상처가 보이기 때문이다. 분노와 고독을 느끼기 때문이며 당신은 상대방의 고통과 슬픔을 느낄 수 있다.

직장에 가면 모든 직원이 한심하게 여기는 직원이 있다. 이혼을 두 번 했고, 전 처 둘은 양육비 소송을 걸었다. 그는 무일푼 아빠다. 자신도 겨우겨우 입에 풀칠하면서 간간히 쥐 꼬리만한 양육비를 보낸다. 그는 아이 딸린 동거녀와 함께 살고 있지만 두 주전 동거녀를 심하게 폭행했고 남자는 구치소에서 이틀을 보냈다. 지금은 집에서 쫓겨나 접근 금지 명령마저 떨어졌다. 그는 현재 싸구려 모텔에서 월세로 살고 있다.

매일 점심시간에 남자는 혼자 밖에서 햄버거나 부리토를 사 먹는다. 그가 사무실로 들어왔을 때 그의 셔츠에는 늘 칠리소스나 겨자가 묻어 있다. 모든 사람이 자신을 이용해 먹으려 하고 화나게 만들며 돈을 쥐어짠다고 불평을 늘어놓기 때문에 그와 이야기하는 사람은 드물다. 누가 그런 말을 듣고 싶어 하겠는가?

당신은 그 남자를 볼 때마다 같이 점심을 먹으러 가자고 다정하게 말하고 싶은 생각이 종종 든다. 그가 좋아하는 패스트푸드를 당신도 좋아한다. 버거킹도 좋고 타코벨도 좋고 서브웨이도 좋다. 서브웨이는 요즘 판촉 행사로 90센티미터나 되는 샌드위치를 10달러에 판다. 혼자 먹기에는 양이 많지만 그렇다고 놓치긴 아까운 기회다.

한번 같이 가자고 말해 볼까? 그렇게 해보라! 그의 세계로 들어가라. 같이 점심을 먹어라. 서브웨이에서 샌드위치와 음료를 먹으러 야구 플레이오프 경기를 봤는지 물어보라. 그는 월드시리즈에서 어느 팀을 응원하는가? 그렇게 판정 못하는 심판은 처음 봤다고 너스레를 피워보라.

왜 그의 세계로 들어가야 할까? 의사의 눈으로 보면 하나님이 치유하실 상처가 보이기 때문이다. 당신은 그에게서 인생의 쓴맛, 관계의 실패, 남들의 비난으로 인해 구멍 난 마음을 본다. 미래를 두려워하고 있음을 느낄 수 있다. 인생의 주홍 글씨가 새겨져 있고 돈도 없으니 말이다. 그는 외로움을 느끼며 절망하고 있다.

이 책에서는 우리가 살면서 재판관의 눈을 가질 수도 있고 의사의 눈을 가질 수도 있다고 말합니다. 재판관의 눈으로 보면 고트 아가씨나 무일푼 아빠를 보면서 '뭣 때문에 저런 것들을 만나?'라고 비판할 수 있습니다.

제가 볼 땐 비판도 맞는 표현이지만 비난에 더 가깝지 않나 싶습니다. 그러나 의사의 눈은 하나님이 치유하실 상처를 본다고 합니다.

다시 같은 책에 나오는 내용입니다.

마가복음 2장 13-14절은 우리에게 한 가지 질문을 던집니다. 본문에서 예수님은 평판이 좋지 못한 한 사람의 세계에 들어가십니다. 사람들에게 신뢰받지 못하며 살아가는 사람은 세리인 레위입니다. 하지만 예수님은 레위를 제자로 부르시죠.

예수님은 몸소 모범을 보이시며 "나처럼 그들의 세계로 들어가 의사의 눈으로 하나님이 치유하실 상처를 보라"라고 말씀하십니다. 이 본문을 더 자세히 본다면 예수님은 갈릴리 바다 북쪽에 있는 도시인 가버나움에서 막 오시는 길이었고 예수님은 사람들을 가르친 뒤 길을 걸으시다가 알페오의 아들 레위가 세관에 앉아 있는 것을 보십니다. 예수님이 "나를 따라오너라."라고 말씀하시자 레위는 세관을 떠나 그분을 따라 나서죠.

세관은 모든 사람과 물건이 국경을 넘어 헤롯왕의 영토로 들어갈 때 꼭 거쳐야 하는 나들목이었습니다. 로마로 가는 길과 이집트로 가는 길이 연결된 곳이었기에 이곳은 매우 붐볐다고 합니다. 레위는 마차와 노새 같은 것들에 통행료를 정하고 징수하며 곡식과 옷감, 생선 같은 상품에도 세금을 거두었죠. 세관에는 레위와 함께 일하는 직원이 두어 명 있었을 것이고 치안을 유지하기 위해 군인도 두어 명 지키고 있었을 것입니다.

당시 징세 절차는 매우 가혹했죠. 통행료와 세율은 정해져 있지도 않았으며 그로 인해 상품을 가지고 도착한 상인들은 얼마를 내야 통과될지 전혀 알지 못했습니다. 로마 시대의 다른 세리들과 같이 레위 또한 세금을 높게 책정하여 헤롯 왕에게 일정한 세금을 바친 후 제 호주머니에도 조금씩 채웠을 것입니다. 상인들은 세리의 처분에 따를 수밖에 없었으며 군인들이 배치된 이유도 세리의 세금 집행을 돕기 위해서였습니다.

장사꾼들은 레위를 증오했고 마을에서 그가 사기꾼이란 사실을 모르는 사람들은 없었습니다. 레위는 도둑과 같은 취급을 받았으며 아무도 그와 상종하지 않았습니다. 레위 같은 세리들은 평판이 아주 나쁘고 부정직하기로 악명이 높아 법정에서 증인으로 부르지도 않았습니다.

그래서 예수님이 이런 레위의 세계로 들어가셨다는 것은 아주 놀라운 일이었습니다. 더 나아가 그분은 레위를 제자로 부르셨습니다. 예수님은 그 지역에 오랫동안 있었기에 레위 역시 예수님이 누구인지 알고 있었고 예수님의 가르침도 여러 번 들었을 것입니다.

본문에 보면 예수님에 관한 무언가가 레위의 마음속을 깊숙이 찔렀습니다. 레위는 하나님이 자신을 위해 더 좋은 것을 마련하셨다고 느꼈고 그래서 어느 날 예수님께서 찾아와 "레위. 같이 갑시다."라고 말씀하시자 그는 세관에게 "몇 시간 자릴 비울 테니 내 일을 좀 봐줘" 라고 말합니다. 그렇게 그는 예수님을 따르게 되었습니다.

예수님을 따라다닌 레위의 마음은 변하게 되고 그는 동료 세리들과 자신을 만나주는 몇 사람에게 이야기합니다. 레위는 자신과 동일하게 죄인 취급 받던 평판 나쁜 사람들에게 예수님과 보낸 시간 들이 어떠하였는지 자랑합니다. 그중 몇 사람들이 같이 가서 예수님의 말씀을 듣고 싶다고 하자 레위는 그분이 따듯하게 맞아주실 것이라 장담합니다. 그렇게 레위의 친구들도 예수님을 따르게 되죠.

며칠 뒤 레위는 자기 집에 예수님을 위한 잔치를 열었습니다. 그 자리에 자기 친구들을 모두 초대했죠. 레위의 친구들도 예수님을 만날 기회가 생겼습니다. 예수님은 평판이 나쁜 레위를 제자로 부르신 것뿐만 아니라 이젠 왕따들만 모인 잔치에 참석하기까지 하십니다. 예수님은 왜 이러한 행동을 하실까요? 바로 의사들의 눈으로 그들을 보시기 때문입니다.

본문에도 바로 나오죠. "저 사람은 세리들과 죄인들과 어울려서 음식을 먹습니까?"라고 바리새파의 율법학자들이 예수님의 제자들에게 묻죠 예수님은 그들의 말을 듣고 말씀하십니다. "건강한 사람에게는 의사가 필요하지 않으나, 병든 사람에게는 필요하다. 나는 의인을 부르러 온 것이 아니며 죄인을 부르러 왔다."

예수님은 의사가 환자를 만나지 않는 게 이상한 것처럼 우리가 죄인을 만나지 않는 것이 이상하다고 말씀하신다. 의사는 환자가 있는 곳에 가서 병을 고쳐야 하듯이 우리는 죄인이 있는 곳으로 가서 그것보다 더 중요한 하나님의 치유를 전해야 한다.

그들의 세계로 들어가라 그렇게 해야 한다. 그들의 세계로 들어가 의사의 눈으로 하나님이 치유하실 상처를 봐야 한다. 고트 아가씨와 이야기를 나누라. 작은 우정을 전하라. 크리스마스를 앞두고 새로 나온 보온병을 선물 해보라. 무일푼 아빠와 점심을 먹어라. 복잡한 강의실에 미혼모 임산부가 있다면 대신 자리를 맡아두라. 얼마 전 음주 운전으로 면허를 취소당한 남자에게 안부를 물어보라. 동료들이 권유하면 소프트볼 팀에도 들어가 보라. 그들과 같이 노래방도 가고 회사 송년잔치에도 참석하라. 술은 마시지 않더라도 같이 앉아 이야기도 하고 웃어보라. 사람들이 여자 이야기를 꺼내면 인생에서 아내를 만난 것이 최고의 행운이라고 하면서 아내 자랑을 해라. 헤어질 때는 다음 주도 이런 모임에 참석하고 싶지만, 아내와 함께 교회 부부 수련회에 가야 해서 아쉽다고 말하라.

그들의 세계로 들어가 함께 어울려라. 친구가 된 후의 일은 하나님께 맡겨라. 의사의 눈으로 그들의 세계로 들어가 하나님이 치유하실 상처를 보라.

하나님은 셀장이나 리더가 부담되는 셀원의 세계에 들어가 그들의 상처를 보고 기도하며 이해를 해주기를 원하심과 동시에 친구가 되기를 원하십니다. 그들을 고쳐주려고. 혹은 변하게 하려고 하지 않으셔도 됩니다.

'사람은 고쳐 쓰는 거 아니다'라는 말이 있습니다. 저도 그 말에 동의합니다. 사람 위에 사람 없듯이 같은 사람끼리 서로 고치려고 드니까 안 고쳐지는 것은 당연하다 싶습니다. 고치시고 변화시키시며 성숙시키시는 것은 하나님께서 하실 일입니다. 그것을 사람과 리더들이 하려고 한다면 그것은 하나님의 권한에 관여하는 것입니다.

단지 사람은 친구가 되어주고 그들의 이야기를 들어주고 이해해 주고 배려해 주며 기도해 주는 것만으로도 충분할 것입니다. 그리고 감당이 가능한 선에서 도와줄 수 있다면 더 좋을 것입니다. 성경에는 고아와 과부, 가난한 사람 등 도와야 할 대상도 기록되어 있으니까요.

셀원과의 나눔 요소

셀원과 이야기 할 때 많은 나눔 요소들이 있습니다. 나눔 요소들은 요소마다 적절한 때와 시기가 있으며 셀원과 나눠도 되는 요소와 조심해야 하는 요소가 있습니다.

먼저 고정적인 나눔의 요소들은 많은 분들이 아시는 바와 같이 가벼운 주제들로 최근 근황에 대한 나눔이 있습니다. 무엇을 하면서 어떻게 지내고 있는지에 대한 이야기입니다. 하지만 물어보고 대답만 듣고 넘어가기 보다는 지내온 일에 대해 이야기할 수 있는 질문들을 더 하셔야합니다.

예를 들면 대학교 강의를 듣는 학생이라면 전공은 무엇인지, 과제는 어떤 식으로 진행되며 과제의 양이 많지는 않은지, 함께 강의 듣는 이들과 과제를 준비하는 이들은 어떠한 사람들인지에 대한 이야기들을 나누면 좋겠습니다.

최근 근황 이야기가 끝이 났다면 이어서 요즘의 관심사는 무엇인지 또는 어떤 취미생활을 하고 있는지에 대해 나눠도 좋습니다. 관심사와 취미생활은 수시로 바뀔 수 있으며 겹치는 이들 또한 많지 않기에 나눔의 요소들 중 아주 괜찮은 요소라 생각됩니다. 좋아하는 영화는 무엇인지, 좋아하는 유튜버와 연예인은 누구인지, 요즘 하고 있는 운동이나 자기계발을 위해 노력하거나 준비하는 것은 무엇인지 등등

정말 나누기 좋은 요소지만 이 부분에서 개인적으로 조금 어려움이 있었던 이유는 저의 취미생활은 카페에서 책 읽기가 고정이었고 제가 하고싶은 공부와 일이 대학원 석사 과정, 심리학 학사 과정 그리고 직장으로 너무 확고했던 터라 연예인이나 영화 등등 문화적인 관심사에는 뒤쳐져 있었습니다. 소위 말하는'문찐'(문화찐따)이

었습니다. 그래서 셀원들의 관심사를 듣기만 하고 많이 나누지 못한 아쉬움이 큽니다.

간단한 이야기 중 당장 나누기는 조심스러운 요소 중 하나로 가족 관계에 대해서도 가볍게 나눌 수 있기도 하지만 가족 관계에서 종종 아버지나 어머니가 계시지 않거나 부모 두 분 모두 안 계시는 경우도 있기 때문에 가족 관계의 경우 셀원들이 먼저 이야기를 꺼내지 않는 한 시작하지 않는 것이 좋습니다.

간단한 이야기가 끝이 났다면 나눔의 무게감을 약간 늘릴 필요가 있습니다. 이전에도 말씀드린 것처럼 어느 정도의 모임은 그러하더라도 모든 모임의 목적이 그냥 교제와 친목 도모에서 끝나버리면 곤란합니다. 그러한 자리는 누구나 할 수 있는 것이며, 제대로 된 풍성한 나눔을 위해서라면 무게감 있는 이야기로도 이어가야합니다.

무게감 있는 주제로는 이전에 이야기했던 취미와 자기계발 그리고 지금 준비하고 있는 일은 어떤 계기로 시작하게 되었는지, 전공을 선택한 목적은 무엇인지 더 나아가 지금 하고 있는 취미나 자기계발, 전공과 준비하는 일들로 이루고 싶은 목표는 무엇인지 혹은 지금 이뤄가고 있는 크고 작은 목표들은 무엇인지에 대해 나눠야합니다.

여기서 조금 더 무거운 주제로는 각자의 삶에 대한 목표와 좇아가는 꿈에 대한 이야기를 하는 것이 좋으며 만일 이것을 나누기 어렵다면 조금 무게감을 줄일 수 있는 주제로 지금 하고 있는 것들에 대해서 10년 뒤의 나의 모습은 어떠할지에 각자 나눠보는 것이 좋습니다. 그리고 셀장과 리더들의 경우 이전에 말씀드린 것과 같이 크리스천이라면 청년의 시기를 어떻게 가꾸고 만들어가야 하는지를 반드시 나누고 가르쳐야 합니다.

마지막으로 가장 중요하며 가장 무거운 주제 나눔은 신앙생활입니다. 교회에 나오게 된 것과 공동체 속에서 느끼는 감정, 예수님을 알게 되고 믿게 된 계기, 가장 좋아하거나 삶의 목적이 되는 성경 구절, 말씀을 삶 속에서 적용한 사례, 말씀 묵상은 언제 어떻게 하는지, 하나님과 교제하며 느끼는 감정은 어떠한지, 하나님께 감사한 이야기, 내 힘으로 안 되었지만 하나님의 은혜로 인해 가능했던 이야기, 사명과 비전을 찾게 된 과정 등등

하나님에 대한 진솔한 이야기와 그에 비롯하여 감사하고 기쁜 이야기나 혹은 아프고 슬픈 이야기를 나눌 줄 알고 서로 감싸 주는 그룹과 공동체가 올바른 셀 그룹, 올바른 교회 공동체라 할 수 있습니다.

나눔 시 나눔 카드와 같은 도구를 활용하면 더 수월하게 진행할 수 있습니다. 저의 경우 CCC에서 사용했던 감정카드와 '솔라리움'이라는 카드를 사용하여 나눔을 진행했습니다. 감정카드의 질문들을 통하여 감정을 선택하여 감정을 선택하게 된 계기를 설명하는

방법으로 감정과 질문을 사용하여 나눔을 이어가는 도구이며, 솔라리움 카드는 먼저 질문을 하여 질문에 대한 답을 찾을 수 있는 사진을 골라 이 사진을 왜 골랐는지에 대해 나누는 방식으로 사진이 있는 카드와 질문을 사용하여 나눔을 이어가는 도구입니다.

사명과 비전을 찾고 열심을 가지도록 동기부여하라

《그래도 너는 아름다운 청년이다》에 나오는 내용입니다.

"너희는 왜 그렇게 헝그리 정신이 없니?"

부모 세대에서 젊은 층이나 자녀들에게 많이 하셨던 말이다. "우리는 맨 땅에서 여기까지 올라왔다. 그 당시는 정말 아무것도 없었다. 그런데 너희들은 이렇게 좋은 시대와 환경 속에서 태어나 이렇게 많은 것들을 누리면서 왜 못하니? 아니 왜 안하려고 해? 배부른 소리 좀 그만 해!"

이런 말을 하는 부모들의 심정을 백분 이해한다. 자녀가 열정과 의욕에 불탔으면 하는 바람이다. 그러나 나도 그 시절을 지내보고 지금 시대를 살아보니 알겠다. 대답은 매우 간단하다. 지금의 젊은이들에게는 헝그리 정신이 살아 있을 수 없다. 왜냐면 헝그리하지 않기 때문이다. 지금 세대는 풍족한 세대이다. 그러므로 젊은 층에게 헝그리 정신을 요구하는 것은 무리이다. 아니 시대착오적 발상이다.

오히려 부모 세대가 열심히 살아서 남겨 준 유산이 문제다. 먹을 것이 너무 많아 어린이 비만이 급증하고 있다. 요즘 공부할 것들이 워낙 많아 초딩까지 스펙을 논한다. 놀 것이 너무 많아 오락이 인생의 안방을 차지했으니 주객이 전도된 꼴이다. 그래서 부모 세대는 웰빙을 찾지만 젊은 세대는 힐링이 필요하다. 부모의 세대가 헝그리 정신이라면 젊은 세대는 상처난 마음이다.

저는 이 문구에 전적으로 동의합니다. 열심히 살아가는 청년들이 있는가 하면 열정과 끈기를 찾아보기 힘들고, 어려운 일에 헌신하려는 자세를 찾아보기 어렵다고 많은 분들과 여러 책에서 이야기합니다.

《그래도 너는 아름다운 청년이다》 라는 책이 나온지 10년 가까이 지났고 10년 전의 시대와 지금의 시대가 다르기에 청년들이 삶의 목표와 정체성, 꿈과 비전을 잃어버리거나 아예 생각지 않는 이유는 참 많을 것입니다.

변하지 않고 더했으면 더했지 나아지지 않은 것들 중 확실한 하나는 위의 책에서 말한 바와 비슷하게 현시대 자녀들과 청년들의 경우 부모로부터 물려받은 재산이나 부모에게 받아온 많은 지원들로 인해 정말 부유하게 자라온 젊은 세대라는 것입니다.

발전된 국가 체계와 개개인의 혜택 그리고 복지와 지원으로 인해 대한민국은 어려운 사람들이 그리 많지 않습니다. 하지만 이로 인해 자녀들과 젊은 세대의 면역력은 떨어져갑니다.

어렵고 힘든 과정을 겪어가며 성숙해지고 내면을 다져가야 하며 훈육과 통제를 통해 절제와 질서, 규칙을 배워야 하는 자녀들이 실패와 아픔을 대신 져주는 부모의 과잉보호로 스스로 삶을 개척해 나가는 힘을 잃어버리게 됩니다. 번데기에서 나비가 나와 날개를 완전히 펴는 우화 과정에서 인위적으로 번데기를 벌려주면 나비가 스스로 날개를 펴지 못해 날지 못하게 되는 것처럼 말입니다.

그로 인해 스스로의 삶을 개척하지 못하며 정체성을 찾지 못하고 자신이 어떤 삶을 살아가야하는지 몰라서 꿈과 목표를 좇아가지 못하고 심지어 삶의 목표와 꿈마저 없어 방황하는 청년들이 너무나도 많은 것이 참 안타까운 현실입니다. 또 하나 안타까운 것은 이러한 청년들이 교회에도 있다는 것입니다.

프롤로그에서 말씀드린 것과 같이 현시대가 교회가 세상을 걱정하는 시대가 아닌 세상이 교회를 걱정하는 시대가 된 주된 원인들 중 하나는 '한국 교회가 서로 소통하지 않고 무관심하며 서로 사랑하지 않는다는 것'에 이어 또 하나는 세상 사람들이 교회 성도들보다 더 잘 하고 있는 부분이 많다는 것입니다.

오히려 교회의 청년들보다 세상의 청년들에게 오히려 배울 점이 많을 수 있습니다. 세상의 청년들은 취업도 빠르고 더 열심히 일하고 심지어 자신이 맡은 분야에서 더 잘하며 각자 개인의 목표를 정해놓고 성실히 달려가는 청년들이 생각보다 많습니다. 그리고 그 와중에 성공을 이루는 사람들도 종종 볼 수 있습니다. 반면 교회의 청년들 경우 취업도 안되고, 자신의 무엇을 하고 싶은지 모르는 경우가 많습니다.

교회의 청년들이 사회에서의 행동과 일에 대한 태도에서 세상의 청년들과 똑같이 살아간다면 세상 사람들이 굳이 교회에 다닐 필요가 있을까요? 저 같아도 그 교회에는 가기 싫을 겁니다. 차라리 교회 갈 시간에 쉬거나 그 시간에 자기계발을 하거나 교회 안 다니는 사람들과 어울려 더 배우고 익히면서 자신의 삶을 개척해나가면 되지 굳이 교회 갈 필요가 있나 싶습니다.

교회의 청년들은 어떻게 해야 할까?

《팀 켈러의 일과 영성》 이라는 책의 문구입니다.

크리스천이라면 세상에서 자신이 하는 일의 목적에 대해 혁신적인 통찰을 가져야 한다. 하나님이 불러서 과업을 맡기셨다는 사실 자체가 힘을 주므로 자아를 실현하고 권력을 얻을 속셈으로 직업을 선택하거나 일을 대해서는 절대로 안 된다. 도리어 일을 하나님과 이웃을 섬기는 도구로 보아야 하며 그 목적에 따라 직장을 선택하고 업무에 임할 필요가 있다.

직업을 선택하기에 앞서 던져야 할 질문은 "무얼 해야 돈을 많이 벌고 출세할 수 있을까?" 가 아니라 "지금 가진 능력과 기화를 가지고 어떻게 하면 하나님의 뜻과 이웃의 요구를 늘 의식하면서 최대한 다른 이들을 섬길 수 있을까?"이어야 한다.

크리스천에게 직업과 일이란 나를 지키고 사랑하며 더 나아가 하나님과 이웃을 사랑하고 섬기는 수단이 되어야 합니다.'네 이웃을 네 자신같이 사랑하라'(마 22:39),'새 계명을 너희에게 주노니 서로 사랑하라 내가 너희를 사랑한 것 같이 너희도 서로 사랑하라 너희가 서로 사랑하면 이로써 모든 사람이 너희가 내 제자인 줄 알리라'(요 13:34~35)라는 말씀처럼 말입니다.

물론 저 또한 뒤에서 말씀드릴 간증에서 보시게 될 '물리치료사'라는 직업을 선택할 때 돈과 안정성을 따라가기는 했습니다. 하지만 직업을 선택 전 사명과 비전은 뚜렷하지 않아도 하나님의 뜻과 말씀에 따라 살겠다는 마음가짐 하나는 확실했습니다. 더 나아가 당시 담임선생의 조언을 통해 제가 잘 할 수 있는 부분을 향해 나아갔다는 것은 사실입니다. 이후 뚜렷한 사명과 비전의 경우 CCC활동과 말씀묵상을 통해 찾게 되었습니다.

이처럼 교회의 청년들에게 열심을 가질 수 있도록 동기부여 하는 방법 중 한 가지는 '하나님 사랑 이웃 사랑' 그리고 '복음화'라는 사명을 기초로 발판삼아 일을 해야 하고, 직업 선택 시 자신이 하나님께 받은 달란트를 가장 잘 활용할 수 있는 직업을 선택할 수 있도록 이야기 해주고 방향을 잡아주는 것입니다.

이 부분을 고려하지 않고 직업을 선택할 때 자신의 적성과 맞지 않는 직업을 선택하게 된다면 당황스럽거나 방황할 수 있습니다. 설령 맞는 직업을 선택해도 단지 돈을 벌기 위해 먹고 살기 위한 수단이 되버릴 수 있기에 직업에 대한 뚜렷한 목표가 있지 않는 이상 새로운 아이디어를 생각해 내거나 문제 해결 방안을 찾기 어려울 수 있습니다.

더 나아가 '내가 지금 이거 뭐 땜에 하는 거지?'라는 생각으로 회의감이나 소위 말하는 '번아웃'이 찾아올 확률이 높습니다. 비전과 사명을 가지고 나아가는 이들도 지치는 순간에는 번아웃이 찾아옵니다. 하지만 이들은 삶의 정체성과 목적의식이 뚜렷하기에 잠깐의 휴식기간과 자신을 돌아보는 시간을 통해 회복하여 다시 돌아올 수 있습니다.

돈도 중요하나 사명과 비전이 우선이다.

'돈을 따라가면 돈은 도망간다. 돈이 나를 따라오게 만들어야 한다.'

라는 말이 있습니다. 그렇다면 교회 청년들은 어떻게 살아가는 것이 좋을까요?

《바늘귀를 통과한 부자》에 나오는 내용입니다.

"우리의 부르심은 돈을 '정직하게 많이' 버는 것이 아니라 하나님의 뜻에 따라 의롭게 사는 것이다. 그것이 그리스도인의 유일한 목적이 되어야 한다. 그렇게 살아가는 사람에게 하나님은 물질을 많이 주실 수도 있다. 진정으로 거듭난 성숙한 사람은 하나님이 주신 많은 물질을 혼자서만 누리지 않고 모두 함께 살기 위해 사용한다. 돈을 벌고 많은 부를 축적하는 것은 처음부터 그의 목표가 아니었기 때문에 성숙한 신앙의 사람은 부자의 범주에 머물러있지 않는다."

먼저 한 가지 짚고 넘어가야 할 것은 그리스도인의 성공은 돈을 많이 벌어 부유해지는 것이 아닙니다. 많이 벌어도 때와 상황과 미래를 준비함에 따라 필요한 만큼만 돈을 소유하고 나머지는 하나님과 이웃을 위해 올바르게 쓰고 나누는 삶이 올바른 그리스도인의 삶이며 하나님께 쓰임 받는 사람이라고 할 수 있습니다. 그리스도인의 성공은 하나님께 순종함으로 쓰임 받으며 그분의 비전과 사명의 성취입니다.

방향이 바로 잡혔다면 방향에 맞게 꿈과 목표를 설정해야합니다. “최종적으로는 사명을 따라가야 하는 것이 맞지 않나요?”라고 물어보실 수 있습니다. 개인적으로 사명은 하나님의 사랑이자 방향이며 본인이 죽는다고 해도 끝나지 않는 하나님의 방향성이라고 말씀드리고 싶습니다. 그러기에 꿈과 목표를 이루고 비전이 성취되어도 사명은 끝나지 않고 계속 성취되는 것입니다.

이 책 뒤의 간증에 저의 비전과 사명이 나옵니다. 잠깐 설명을 드리자면 제 비전과 목표는 ‘환자분들이 몸과 마음을 함께 치료받을 수 있게 하며, 치료사 선생들과 올바르고 행복하게 소통하도록 만들자 그리고 정말 가능하다면 부담이 가지 않는 선에서 복음을 접할 수 있는 치료 센터를 설립하겠다.’입니다. 치료 센터를 세우겠다는 목표와 비전은 이뤄진다 해도 센터를 사명에 맞게 운영하게 된다면 사명 성취는 계속되는 것입니다.

하지만 비전과 목표를 이루고 나서 사명 성취가 시작되는 것도 아닙니다. 비전과 목표를 이루기 위한 많은 과정 또한 사명을 따라가고 성취하며 하나님께 쓰임 받는 순간입니다. 하나님께서 부여하신 사명 성취를 위해 그에 맞게 말씀에 순종하여 선한 방법과 능력으로 준비하고 갈고 닦으며 작은 목표부터 시작해 차근차근 이뤄나가는 것입니다. 그리고 그러한 일들과 계획은 하나님께서 진행하신다는 것입니다

저도 삶의 여러 순간들과 과정마다 하나님의 역사하심과 예비하

심 그리고 채워주심을 경험했으며, 설사 제가 생각한 계획과 달라도 하나님의 계획이 제가 가진 계획보다 더 크고 좋음을 여러 순간마다 경험하고 있습니다. 그리고 저보다 먼저 비전과 사명을 성취하시고 진행하시는 분들의 이야기는 모두 하나와 같습니다. "하나님께서 여러 기회를 제공하였고 필요에 맞게 넉넉히 채워주시며 나는 하나님과 이웃을 위해 나누고 사용한다."입니다.

교회의 청년들에게 열심을 가질 수 있도록 동기부여 하는 또 하나의 방법은 그리스도인의 올바른 성공과 하나님께서 동행하시고 채워주심을 이야기 하고 각자의 삶 속에서 채워주심과 역사하심의 경험을 나누는 것입니다.

당장 변화가 없어도 괜찮다

하나님은 중심을 보시며 능력이 아닌 태도를 보십니다. 외모가 아닌 중심을 보시며 현실성이 아닌 가능성을 보십니다.

《그래도 너는 아름다운 청년이다》에 나오는 내용입니다.

청년들이여, 비전이 보여 헌신했는데 결과가 없어서 낙심한 적이 있는가? 낙심하지 말라. 그 순간에도 하나님은 이미 당신의 헌신을 받으셨다. 그리고 그 헌신을 기억하고 계신다. 그리고 어느 날 그 헌신을 기억하시는 주님께서 당신을 믿고 부르실 것이다.

그날 당신은 자신이 지난날 시간 낭비를 한 것이 아니라 본질의 훈련을 받은 것임을 알게 될 것이다. 비전이 끊기는 자리에서 포기하지 말라. 그 순간에도 대의는 변함이 없다. 비전이 사라진다고 당신도 사라지면, 당신은 본질 없는 사람이 되고 만다.

셀장과 리더라는 자리는 누구나 갈 수 있는 길이며 누구나 할 수 있는 선택이지만 아무나 가는 길은 아니며 아무나 할 수 있는 선택은 아닙니다. 그러한 길을 가거나 선택을 한 사람을 어디서나 볼 수 있는 것은 더더욱 아니라 생각합니다.

자신의 시간과 물질, 마음을 나누며 섬겨야 한다는 것을 모두가 알며 대충 했을 시 공동체가 흐지부지되며 분열과 혼돈이 생길 수 있기에 아무나 할 수 있는 일이 아닙니다.

셀장들 모두 개인적인 일이 없는 것도 아닙니다. 대학생이면 대학생대로 직장인이면 직장인대로 해야 할 일과 짊어져야 할 삶의 무게들이 있기에 리더로서 다른 이들을 섬기고 보살피기란 정말 어려운 일입니다. 시간과 물질, 정신적으로 보았을 때 누가 봐도 비효율적입니다.

그럼에도 불구하고 기쁜 마음으로 기꺼이 담대하게 헌신하고 섬기고자 도전하는 사람들의 태도와 중심을 하나님은 중요하게 보시며 기뻐하실 것입니다.

저 또한 많은 시간과 물질을 들여 섬김과 헌신에 힘썼지만, 달라진 것은 거의 없었습니다. 교회 체계나 셀장의 시스템은 변하지 않았고 바로 다음 해에 셀장을 지원한 셀원은 단 한 명도 없었습니다.

하지만 낙심하지 않았습니다. 하나님만은 저의 섬김과 헌신을 아시며 이 시대 청년들과 대학생들을 향한 안타까운 마음을 아시기 때문입니다. 그리고 저의 섬김과 헌신, 안타까워하는 마음을 받으시고 훗날 귀하게 쓰실 것임을 알기 때문입니다. 아니 지금도 귀하게 쓰고 계십니다.

셀장의 섬김을 책으로 쓰면서 저는 셀장의 본질과 그에 맞는 체계를 생각하게 되었고 알맞게 훈련되었다고 생각합니다. 기존 셀장의 역할은 교회와 주일에만 적용되었지, 주중에는 거의 적용되지 않았습니다. 교회에서의 만남과 나눔이 적어진 현시대에 이제는 새로운 방안과 시스템을 가진 셀장들이 나설 차례입니다.

실수와 실패해도 괜찮다

사람의 생명과 직결되지 않는 일에서 실수나 실패했다면 거액의 손실 또는 여러 사람에게 피해를 주지 않은 이상 다음 일에서 만회하거나 툭툭 털어버리고 다음 일을 준비하면 됩니다. 그러나 사람의 안전과 생명과 직결되는 일에서는 실수와 실패는 그 사람에게 상처를 주거나 그 사람을 아프게 할 수 있기에 무척이나 조심스러울 수 있습니다.

저 또한 병원에서 근무하는 물리치료사이기에 전부를 알지는 못하지만 어느 정도는 알고 있다고 말씀드리고 싶습니다. 말 한마디에 환자와 보호자가 기분이 좋을 수 있고 행복할 수 있는가 하면 상처를 받거나 불쾌해할 수 있으며 치료 기술과 손길 하나하나에 편안함과 안정감을 느낄 수 있는가 하면 통증을 느낄 수도 있습니다. 치료 기술과 손길은 환자마다 느끼는 것이 다릅니다.

물리치료 세계에는 이런 말이 있습니다. '일을 시작하고 나서 3~5년까지는 나를 위하여 온 환자이고 그 이후로는 나에게 오는 환자이다. 그러나 3~5년이 지난 시점에도 나에게 환자가 오는 것이 아닌 나를 위해 환자가 온다는 것은 문제가 있는 것이다.'

무슨 말일까요? 실수를 줄이고 치료 기술을 터득하고 공부하며 환자분들을 대하는 데 익숙해지기까지는 시간이 걸린다는 것입니다. 이 기간에는 실수를 해도 괜찮습니다. 배워가고 익혀가는 단계이니까요.

대신 이 기간 때 공부를 열심히 하여 시행착오를 줄이고 치료 기술을 최대한 올려 환자분께 필요한 좋은 치료를 제공하기까지의 시간을 줄여야 합니다.

저는 '두 번의 실수는 없다', '한 번은 실수지만 두 번 부터는 고의이다'라는 말을 정말 싫어합니다. 왜냐하면 제가 실수투성이인 사람이기 때문입니다. 하지만 저만 그럴까요? 많은 사람이 살아오면서 같은 실수를 다신 안 해본 사람이 있을까요? 아마 없을 겁니다.

셀 모임 때 셀장 혹은 리더들도 실수할 수 있고 의도치 않게 상처를 줄 수도 있으며 다른 누군가를 시험에 들게 할 수 있습니다. 이는 어쩔 수 없습니다. 실수는 누구나 하는 것이며 셀장과 리더들도 완벽하지 않기에 배우고 깨달아 가는 단계입니다.

실수로 한 사람에게 상처를 줬다면 회복하도록 도와야 하며 시험에 들게 했다면 사과할 줄도 알아야 하는 것도 리더의 몫입니다. 더 나아가 셀원들의 마음과 상황을 고려하고 그러기 위해 공부하는 것 또한 셀장의 몫입니다. 이로 인해 같은 실수를 반복하지 않음으로 셀원들에게 더 나은 모습으로 다가갈 수 있을 것입니다.

다시 물리 치료 이야기로 잠깐 넘어가면 낙상의 경우 골절로 이어질 수 있으며 심할 시 환자의 생명과 직결되기도 하기에 굉장히 조심스럽습니다. 즉 한 영혼이 공동체를 떠나는 커다란 실수는 하지 마시길 바랍니다. 이성 문제나 소외됨, 다툼, 비난과 험담 등을 예로 들 수 있습니다.

부족함을 인정하고 성숙을 위해 채워가라

'목표는 80%만 이뤄도 된다.'라는 말이 있습니다. 완벽해야 한다는 강박감에서 벗어나 여유를 가지라는 뜻이죠,

《지금 힘들다면 잘 하고 있는 것이다》에 나오는 내용입니다.

많은 젊은 세대들이 힘들고 괴롭다고 말하죠. 노력하지 않기 때문에 힘든 것은 아닙니다. 대학교 도서관은 주말, 명절에 상관없이 24시간 바쁘게 움직입니다. 요즘 대학생들은 정말 열심히 공부해요. 직장인 또한 밤낮으로 열심히 일하죠. 그런데 힘들다고만 합니다. 뭔가 잘못된 것은 아닐까요?

힘든 이유는 지나치게 잘해야 한다는 압박감에서 비롯되죠. 우리는 어린 시절부터 '반드시 해야 한다'는 말의 영향을 받으며 자라왔습니다.

"넌 훌륭한 사람이 되야 해", "넌 성공해서 부자가 되어야 잘 살 수 있으니 부자가 되어야 해"

이러한 당위적 사고는 결국 사람을 지치게 만들고 스트레스가 쌓이도록 만들죠. 당위적 사고는 사람이 만든 환상일 뿐입니다. 부모가 훌륭한 사람이 되라고 한 말이 '훌륭한 사람이 되지 않으면 널 사랑하지 않을 거야' 라는 의미도 아닌데 자신을 채찍질하고 힘들어합니다. 이런 사람은 99점을 받아도 100점을 받지 못했다고 스스로를 타박하죠.

사람은 실수하기 마련입니다. 하지만 늘 최고가 되어야 하고, 잘해야

한다고 생각하기에 아프고 힘든거죠. 행복은 자신을 다독이고 격려할 줄 아는 방법에서 출발하여 다른 사람을 보듬고 위로할 때 완성됩니다.

'반드시', '꼭', '완벽하게' 라는 강박관념에서 벗어나 여유를 가지십시오. 많은 사람이 완벽주의자와 너무 기계적인 사람은 그리 좋아하지 않습니다. 나사 하나 빠진 것 같은 어설픔과 엉뚱함이 익살스러운 사람이 진짜 사람다워 보입니다. 완벽보다 더 위대한 것은 미완성인 자신을 인정하고 돌아보며 하나씩 배워가고 채워가는 것입니다.

셀장과 리더도 스스로 완벽하지 않음을 알고 계실 것입니다. 완벽하지 않음을 있는 그대로 받아들이고 인정하며 늘 겸손함으로 부족함을 보완하고 채우고 성숙해 나간다면 더욱 훌륭한 셀장, 리더가 될 것입니다.

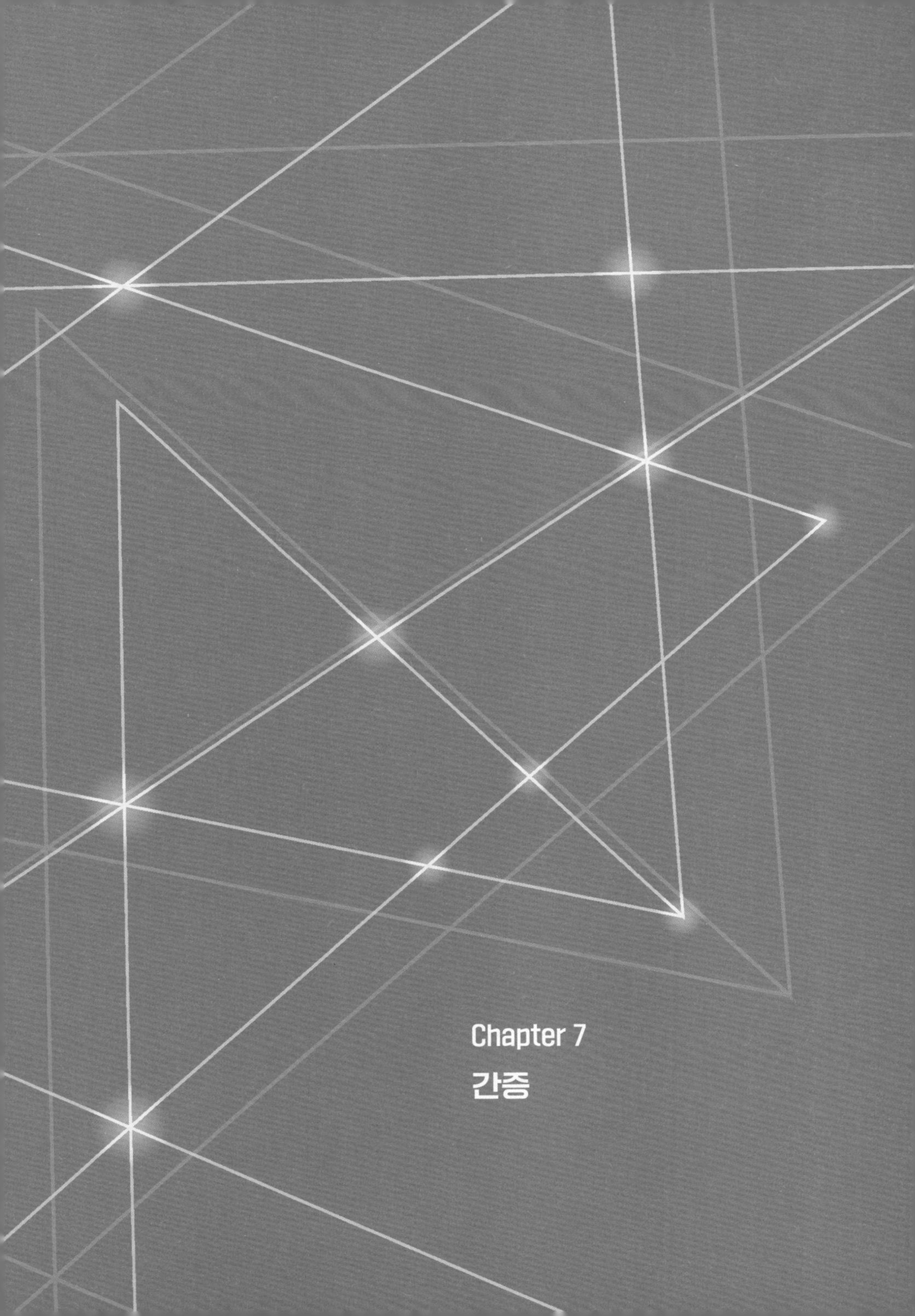

Chapter 7
간증

전지적 셀장 시점

01 사명과 비전을 찾기 위한 머나먼 여정

고등학생이었던 시절 저는 하나님의 자녀로서 말씀과 사명과 비전에 따라 살고자 하는 마음이 강했습니다. 그로 인해 참 신기하게도 성경과 말씀은 재미있었지만 공부는 늘 뒷전이었습니다. 학교 성적은 내신 5등급에서 웃돌았지만 교회 부서 마다 진행되는 성경 퀴즈 대회에서는 중학교 1학년부터 고등학교 3학년까지 딱 한 번을 제외하고는 1등을 놓쳐본 적이 없을 정도였습니다. 그러다가 진로에 대해 고민하던 중 부모와 담임선생의 상담이 있었습니다.(감사 인사에 적지 않았지만 당시 선생에게 깊은 감사를 표합니다.)

담임선생이 "현재는 성실하고 배려심이 좋아 진로 방향을 의료보건 계열 쪽으로 하는 것이 좋겠습니다. 간호사나 임상병리사를 추천합니다."라고 말씀해 주셨고, 담임선생의 추천으로 제 적성에 맞으면서도 돈을 잘 벌고 취업이 잘 되는 직업을 갖기 위해 처음에는 간호학과를 생각했지만 주사를 워낙 무서워하는 탓에 물리치료학과를 선택했습니다. 당시 도수치료가 한창 유행하기 시작했고 취업이 어려웠던 시기라 취업이 잘 되고 도수치료도 가능한 물리치료사가 가장 안정적이라는 생각을 했습니다.

하지만 물리치료학과는 내신이 3~4등급이 되어야 진학할 수 있었고 내신 5등급을 웃도는 저에게는 과도 상향이라는 이야기를 들었습니다. 내신 합격 순위를 보니 후보 297번이었습니다. 절망적이었습니다. 하지만 학과에 두 과목 합계 10등급이라는 수능 최저등급이 존재했었고 후보 합격 전화는 수능 이후에 연락이 오기에 수능이 치러진 뒤 바뀐 후보 번호를 다시 확인해야 한다는 이야기와 입학한 학생들 중 저와 내신 성적이 비슷하나 최저등급을 맞춰서 합격한 학생들이 몇 명 있다는 것을 확인했습니다.

저는 수능 100일 전부터 최저등급을 맞추기 위해 공부에 몰입했고 '물리치료학과에 진학하길 원하신다면 합격시켜 주십시오 만약 불합격되면 그냥 수능 성적에 맞춰서 알아서 가겠습니다.'라는 기도를 드렸습니다.

수능이 끝나고 저는 2과목 합계 9등급을 만들어 최저등급은 만들었지만, 수능 이후 결과를 기다려야 했습니다. 결과는 후보 297번에서 60번까지 올라왔으며 추가합격 통보를 받고 물리치료학과 진학에 성공했습니다.

정말 어렵게 물리치료학과에 합격했지만, 뚜렷한 사명과 비전이 딱히 없었던 터라 제가 왜 이 일을 해야 하는지 몰랐고 1학년 1학기에는 많이 방황했습니다. 공부는 말할 것도 없었습니다.

처음 해보는 대학 공부를 왜 해야 하는지 이유를 알 수 없었던 저는 너무나 당연하게 공부하지 않았고 시험을 칠 때는 제일 자신 있는 한 과목을 제외한 전 과목 시험지를 절반도 못 채우거나 아예 백지로 제출했습니다. 그로 인해 '시험 칠 때 아는 것은 학과, 학번, 이름뿐이다.'라는 말을 정말 제대로 실감했습니다. 저의 1학년 1학기 학점은 2.1이었습니다. 지금 생각해보면 F가 없었다는 것이 천만다행이었다는 생각이 듭니다. F가 있었다면 저는 복학 후 동기들에 비해 정말 바빴을 겁니다.(당시 F를 주시지 않으신 교수님들께 진심으로 감사드립니다.)

'정신 좀 차리고 오자'라는 생각으로 1학년 1학기만 마치고 휴학을 한 뒤 2016년 8월에 바로 군대에 입대했습니다. 군 생활 중 전역이 가까워지자 '그래 먹고 살기 위해서라도 공부는 해야겠다'라는 커다란 깨우침(?)이 있었고 2018년 7월에 전역한 뒤 2018년 9월에 복학해서 1학년 2학기를 시작하게 되었고 2학기는 열심히 공부하며 CCC 활동도 병행함으로 무난하게 지냈습니다. 그때 사명과 비전이랍시고 환자를 위한 치료사가 되겠다는 마음가짐을 가지게 되었습니다.

2019년 초부터 소속되어 있던 CCC에서 순장으로 섬기게 되었고 두 명의 순원과 만남을 시작하며, 대학 생활을 하게 되었습니다. 더 나아가 2019년 7월 4일부터 23일까지 필리핀 단기선교를 가게 되었습니다.

대학교 1학년부터 2학년까지 순장이 제게 보여주신 사랑, 순원을 섬기고 돌보며 양육하는 순장의 삶과 필리핀 단기선교를 통해 사람들에게 하나님을 전하고 사람들을 제자 삼아 가르치겠다는 결심을 하게 되었으며 '환자를 위한 치료사'가 아닌 '세계 복음화를 위한 치료사'로 사명이 바뀌게 되었습니다.

시간은 흘러 2020년이 되었고 저는 졸업반으로 공부와 실습, 여름 방학 때 CCC 단기선교를 계획하고 있었습니다. 그러나 2020년 1월 코로나19로 인해 국제적 공중보건 비상사태가 선포되었고 2월 중순부터 집 밖으로 한 발짝도 나가지 못하는 상태가 되었습니다. 학교는 고사하고 공부와 실습 그리고 단기선교에 대한 계획은 전부 물거품이 되어버렸고 저는 큰 좌절과 실망에 빠졌습니다.

며칠 동안 사이버 강의와 유튜브만 아무 생각 없이 줄창 보면서 무료한 생활을 하던 중 '그래 이 시간을 그냥 보내기는 너무나도 아까워, 그리고 이 시간으로 인해 하나님께서 나에게 말씀하시는 것과 원하시는 뜻이 있을 거야 그러니 지금, 이 시간을 최대한 유용하게 써 보자'라고 생각하게 되었고 그 이후로부터 5월 초까지 사이버 강의를 듣는 시간을 제외한 모든 시간을 성경 공부에 몰입했습니다.

당시 4 복음서를 공부했으며 각각의 저자와 시대적 배경, 시대적 관점, 독자의 대상과 말씀 구절을 문서 작성하고 내용과 의미에 대한 해석을 전부 정리했습니다. 그러던 중 예수님께서 제자들에게 부여하신 새 계명을 읽게 되었습니다.

"새 계명을 너희에게 주노니 서로 사랑하라 내가 너희를 사랑한 것 같이 너희도 서로 사랑하라 너희가 서로 사랑하면 이로써 모든 사람이 너희가 내 제자인 줄 알리라"(요 13:34-35)

이 말씀으로 '사명과 비전은 서로 사랑하는 것에서 시작되고 사랑함으로 인해 지속된다!'라는 것을 느꼈습니다.

'내가 선택한 물리 치료라는 전문성으로 복음화와 하나님의 사랑을 이어 나갈 방법은 무엇이 있을까?'라고 고민하던 중 '환자분들과 치료사 선생들이 올바르고 행복하게 소통할 수 있는 공간을 만들자', '환자분들이 몸만 치료받는 것이 아닌 마음도 치료받을 수 있는 공간을 만들자', '누구나 복음을 접하는 데 무리가 없는 공간을 만들자'라는 생각들이 떠올랐으며 그 자리에 바로 무릎 꿇고 '이 생각과 마음으로 살아가도록 하겠습니다.'라는 기도를 드렸습니다.

그로 인해 '몸과 마음을 치료하는 치료사'라는 새로운 사명이 하나 더 생기게 되었고 '환자분들이 몸과 마음을 함께 치료받을 수 있게 하며, 치료사 선생들과 올바르고 행복하게 소통하도록 만들자 그리고 정말 가능하다면 부담이 가지 않는 선에서 복음을 접할 수 있는 치료 센터를 설립하겠다'라는 비전과 목표가 생기게 되었습니다.

졸업 후 2021년부터 현재까지 창원 ◯◯요양병원에서 물리치료사로서 근무하며 야간 심화 과정, 야간 대학원 물리치료학 석사 과정, 학점 은행제를 통한 심리학 학사 과정, 셀장으로 섬김, 책 출간까지 여러 일정과 단계를 밟아가며 지금 청년의 시기를 멋지게 꾸려나가고 준비함과 동시에 하나님이 부여하신 사명과 비전에 조금씩 가까워지는 것을 느끼고 있습니다.

이는 저의 힘으로 할 수 있었던 것이 아닙니다. 누군가는 우연이라고 할 수 있습니다. 하지만 그리스도인에게는 우연은 없습니다. 하나님의 은혜와 사랑 안에서의 놀라운 계획과 그 속에서 맺어진 또 다른 아름다운 인연이라고 말씀드리고 싶습니다.

02 셀장 일기의 한 페이지

이 부분은 제가 2022년 셀장으로 섬기면서 여러 감사한 순간들 중 특히 감사했던 타 지역 셀원들과의 만남 후 느낀 감정을 일기로 적은 내용입니다.

- 2022년 7월 16일 00시 28분 -

어제 셀 모임을 너무나도 즐겁고 행복하게 끝낸 후 굉장히 평온한 상태다.
어제 만난 셀원은 서울에서 대학을 다니는 oo이와, 오스트리아에서 바이올린을 전공하는 oo이, 모두 방학을 맞이하여 창원으로 돌아온 타지 셀원들이다.
이전에 셀장으로써 셀원을 볼 때 걱정되던 것이 있었다.

'이 친구들이 하나님의 은혜 안에서 신앙적으로 성숙하고 강해질 수 있을까?'

'교회에서 올바른 선배, 혹은 리더로 설 수 있을까?'

'사회와 교회에서의 꼭 필요한 구성원으로 성장할 수 있을까?'

'다 성인이고 어른이긴 한데 그렇다고 다 성숙했다고 하기는 아직 이르고… 그렇다고 어리다고 하기도 그렇고……'

뭐 다 성숙하지 못한 것은 나도 마찬가지이다.

그래서 더 걱정이었다.

나 또한 헛점과 실수가 많으며 자주 넘어지기에, 그리고 셀원을 보면서 내 약점 또한 보기에 '나는 과연 잘 하고 있는 것일까?', '아무리 많은 모임하고 제정을 써가면서 섬겨도 셀원들이 부족하고 실수하는 나를 통해 배우는 것이 있을까?' 라는 걱정까지 추가로 따라왔다.

하지만 그 걱정들을 어제 모두 내려놓았다.

셀원의 고민거리나 걱정, 그리고 대화와 나눔 중 나약한 부분들을 볼 때마다 내가 해 줄 수 있는 답은 예수그리스도뿐이었다.

어떻게 보면 정말 무책임하거나 교회 다니는 친구들 사이에선 너무나도 뻔한 답이긴 하다. 하지만 왜 예수그리스도가 답일까?

작은 이유는 내가 셀원의 이야기와 고민을 들어주고 이해해줄 수 있어도 해결을 못하기 때문이다.

그러나 궁극적인 이유는 세상에는 사람들의 상식과 이해를 벗어나 문제가 생기거나 문제가 해결되는 일들이 상당히 많으며, 그것들을 좌우하시는 분은 정의와 선을 따라가는 소수인의 편인 예수그리스도가 계신다.

결국 모든 것이 협력하여 선을 이루시게 만드는 분은 예수그리스도이기 때문이다.

그로 인해 어제 셀 모임으로 맛있는 식사교제와 카페에서의 나눔이 끝나고 집으로 운전하여 돌아가는 밤길에 느낀 감정은

'타지에 있었음에도 불구하고 잘 크고 있었구나.'

'현실 속에서 여러 어려움들과 문제들로 인해 고군분투하고 있으나 하나님의 계획하심 속에 있으며 하나님께서 함께 하시는구나.'

미성숙하고 나약한 부분이 있지만 생각보다 심하지 않고 나아지고 성숙하고 있으며, 그로 인해 모든 것이 협력해 선을 이루겠구나.'

라는 생각과 마음이 들어 참 안심이 되었다.

두 셀원은 교회와 공동체와 떨어져 있는 상태에서 여러 어려움이 있었음에도 불구하고 학업과 신앙 부분에서 모두 잘해왔다.

그러기에 예수그리스도가 답이라는 결론을 내린다.

더 나아가, '이 친구들이 교회에서 안식만 하는 것이 아닌 다른 이들의 안식처, 즉 우리 셀원들이 다른 사람들이 의지하고 도움이 되

는 사람이 될 수 있겠구나',
'교회와 사회의 훌륭한 구성원으로 크겠구나.' 라는 것을 느낀다.
내가 셀장으로 섬기는 궁극적인 목적이기도 하다.
다음 세대를 이끌 좋은 셀장이 나오며, 셀원이 믿고 의지할 수 있는 셀장이 나오기를, 선데이 크리스천이 아닌 하나님과의 교제가 돈독하며 교회와 세상 속에서의 일상을 예배로 드릴 수 있는 사람으로 성숙하길,
셀장이거나 꼭 셀장이 아니어도 교회에서 안식만 하는 것이 아닌 다른 이들의 안식처가 되고 세상과 교회 속에서 누군가의 순수하고 진심어린 친구가 되는 사람이자 사회와 교회의 훌륭한 구성원으로 자라나는 것이 내 목적이다.
그러기에 모임을 주도하고 식사와 나눔으로 교제한다고 이야기한다. 우리는 먹고 교제하는 것에서 놀고 회복하는 것도 목적이지만 진심 어린 이야기들로 시작해서 신앙적인 이야기들을 나눔으로 교제함 속에서 강하게 훈련되어가는 것 또한 목적이다.
나는 셀원들이 내년에 바로 셀장이 되는 것을 바라는 것이 아니며 한 순간의 강한 성숙을 바라는 것도 아니다.
단지 셀장으로써 나와 셀원의 앞으로의 삶을 위해 밑거름을 뿌린다고 하면 그것이 더 정답에 가깝다.
그리고 나는 어제 주님께서 이끌어 와주심에 평안함을 느끼며 참

으로 감사하며 다음 모임이 기대가 된다.

우리 셀원들~늘 잘해줘서 고마워~~~^^

03 셀장으로 섬김 이후 책 출간까지의 과정

2022년은 셀장으로 섬기며, 야간 대학원 생활을 시작했던 해였습니다.

셀장으로 섬기면서 혹은 섬김이 끝난 후 후회되던 순간이 없었다고 하면 거짓말입니다. 책을 출간하는데 과정이 순탄했다면 그 또한 거짓말입니다.

많은 후회를 했습니다. 가장 후회했던 순간은 셀장 섬김으로 인해 주말의 대학원 수업을 듣지 못해 석사 졸업이 한 학기 밀렸다고 생각이 되었을 때 정말 땅을 치며 후회했습니다.

대학원 수업 중 주말에 진행되는 수업이 있었습니다. 이 수업은 OMPT(대한 정형 도수 물리치료학회)에서 진행하는 물리 치료 이론과 실습 및 기술이 적절히 포함된 수업이었습니다. 도수치료를 꿈꾸고 희망하는 저에게는 꼭 필요한 수업이었습니다. 게다가 학점은

6학점이었습니다. 평일 저녁에 진행되는 수업 학점은 3학점으로 주말 수업의 학점은 평일 수업 학점의 2배로 아주 컸습니다.

하지만 셀장으로 섬김을 집중하기 위해 주말 수업은 포기했습니다. 주변에 교회를 다니지 않으시거나 주님을 모르시는 몇몇 분들의 시선은 도무지 이해가 가지 않는다는 표정이었습니다.

책을 쓰기 시작한 시기는 셀장 활동이 끝난 2023년 1월이었습니다. 당시 열정과 온 마음을 다해 셀장으로 섬겼던 터라 이대로 끝나기 아쉬운 마음도 있었고 그동안 셀에서 진행했던 프로그램 및 경험을 대학생과 청년, 다음 세대를 걱정하는 많은 교회에 조금이나마 보탬이 되고자 책을 쓰게 되었습니다.

1월부터 2월 말까지 책 쓰기에 집중했고, 3월부터 5월까지는 대학원 수업을 들어 집중하지 못하였고, 6월부터 9월 중순까지는 논문 연구와 작성으로 인해 중지했었습니다. 그러다 2023년 9월 논문 제출을 앞두고 논문 심사를 하던 때에 졸업과 논문 제출에 큰 문제가 생겼습니다.

논문 심사를 위해서는 2023년 1학기(3차 수)에는 24학점이 필요했습니다. 2학기(4차 수)까지 24학점만 확보되면 논문 제출이 가능할 거라고 착각한 저의 실수로 당시 학점은 18학점밖에 되지 않았습니다.

모자란 학점으로 인해 논문 심사 신청 자체와 제출이 불가능했습니다. 논문 심사 신청이 안 된다는 사실을 처음 알았을 땐 담당자님께 "어떻게 다른 방법이 없겠습니까?"라고 사정해 봤지만 소용없었습니다.

학점관리를 잘못한 제 잘못임에도 불구하고 '정상이 코앞인데 여기서 발을 헛디뎌 굴러떨어지네','작년에 셀장으로 섬기지 않았더라면 주말 수업을 들었을 것이고 학점이 모자라서 졸업이 미뤄지는 어처구니없는 문제는 발생하지 않았을 것인데 어차피 공동체에 변화도 없었던걸 뭐 하려 했나'라는 낙심과 후회, 절망감이 파도처럼 밀려왔습니다.

그렇게 낙심하고 후회하던 찰나 '논문은 거의 다 작성되었고 학점 때문에 내년 1학기 3월에 제출하는 것으로 변경된 것뿐 다른 특별한 문제는 없다. 논문을 다듬는 시간 한 달 정도를 빼놓는다고 가정했을 때 2024년 2월까지는 여유가 있구나. 내가 정말 하고 싶고 갈망했지만, 미루어 두었던 일들을 할 수 있겠구나!'라고 생각을 바꿨습니다.

'이건 그냥 정신 승리에 가깝지 않나?'라는 생각도 들긴 했으나 '정상에서 발을 헛디뎌 굴러떨어졌다'는 생각에서 '다음 정상을 위해 지금 바로 앞의 정상에서 잠시 쉬어간다.'라고 생각하게 되었습니다. 인생이라는 길에서 논문과 석사 졸업이 여러 산 중 하나이지 가장 높은 산은 아니잖아요?

연구와 논문 작성 그리고 대학원 수업으로 크게 지쳤던 저라 이번 기회에 하고 싶었던 일들을 하면서 휴식하고 회복하는 시간을 확보했다는 생각에 몸과 마음이 참 여유로웠습니다.

논문을 잠시 미뤄두고 10월부터 다시 책 쓰기에 집중하다가 《밥 버포드 피터 드러커에게 인생 경영 수업을 받다》 라는 책을 통해 제 생각이 정신 승리가 아님을 알았습니다.

1970년대 윌로우크릭 교회의 빌 하이벨스 목사님은 교회에 대한 분노와 실망을 표출하는 사람들이 느끼고 있는 공통적 불만 중 교회가 돈을 요구하는 것과 예배가 지루하고 진부하며, 반복적이어서 공감하지 못한다는 것에 집중하였습니다.

그리하여 예배 모임에 총력을 기울였고 감동과 공감을 일으킬 수 있는 설교하기 위해 무척이나 힘썼다고 합니다.

6개월간은 헌금을 걷지 않고 돈에 관한 설교는 한마디도 하지 않았답니다. 대신에 아버지 사업인 채소 도매상을 도우면서 익힌 경험을 살려 사역에 필요한 돈을 조달했고, 당시 빌 하이벨스 목사님과 함께한 고등학생들은 부업으로 돈을 벌어 어려운 교회들을 도왔다고 합니다.

그로부터 6개월 뒤 윌로우크릭 교회의 성도는 500명으로 늘어났으며 이후 어느 주일 오전 예배 설교 전 빌 하이벨스 목사님은 성도들에게 처음으로 헌금 이야기를 했습니다.

"성도 여러분, 우리는 헌금에 대해 말하지 않고 반년을 보냈습니다. 우리가 돈을 벌기 위해 사역하지 않는다는 것을 이제 아실 것입니다. 혹시 우리 사역이 마음에 들고 헌금을 하고 싶으신 분이 계시면 로비에 헌금함이 있으니 가실 때 원하는 만큼 하시길 바랍니다."

개인적인 생각으로 주일 예배와 설교가 지루하고 진부하고 반복적인 면이 있어도 예배 이후 나눔과 적용이 활성화가 되어 있다면 이는 큰 문제가 되지 않다고 생각합니다. 물론 나눔과 적용의 자리는 올바른 리더의 인도 하에 이뤄져야 합니다.

1970년대 대형교회 탄생의 발판이 제가 작년에 셀원에게 재정과 마음을 쏟은 행동들과 비슷한 것이 참 놀랍고 인상 깊었습니다. 그러면서 확실하게 깨달았습니다.

'아 당장은 결과가 없고 돈과 시간적으로 엄청나게 비효율적인 것처럼 보여도 후회할 일이 아니었구나. 괜히 한 것이 아니었구나.' 라고요 참 뿌듯했고 앞으로 또 언제 어디서 할지 모르겠지만 내가 하나님께 받은 은사와 능력으로 그리고 제게 허락하신 일과 직업으로 번 돈으로 계속해서 섬기기로 다짐했답니다.

그리고 논문 제출과 졸업이 연기됨으로 인해 제가 책을 쓸 수 있는 시간이 확보되어 적절한 시기에 책을 출간할 수 있게 되었습니다. 아마 학점 부족이라는 어이없는 실수가 없었다면 저는 아마 책 쓰기를 계속 미루다가 결국 책을 내지 못했을 겁니다.

누군가 혹은 모두가 심지어 나 자신조차도 비효율적이라 보이는 상황과 일들을 최고의 효율로 바꾸시고, 최고의 것을 주시는 분이시며 실수를 역으로 활용하여 나에게 가장 알맞고 좋은 시기와 환경을 허락하시는 분, 나를 가장 사랑하는 분이 하나님이신 것을 크게 느꼈습니다.

이 책을 읽으시는 청년 혹은 독자도 제가 받았던 사랑과 은혜보다 더 큰 하나님의 사랑과 은혜가 임하시길 기도하고 축복합니다.

에필로그

다년간 셀장으로 섬긴 저의 개인적인 경험과 생각, 방법이 다 맞거나 정답이라고 하지 않겠습니다. 누군가에게는 벅찰 수도 있고 또 누군가가 받아들이기에는 부담일 수 있습니다.

하지만 지금 셀장이나 리더로 섬기고 있는 분들에게 조금이나마 도움과 격려가 되고, 셀장의 직책을 고민하는 분들에게 도전과 동기부여가 되었으면 좋겠습니다.

제가 권면할 자격은 없지만 셀장에게 조금이나마 도움이 되고자 해드리는 이야기는 시간과 물질로 감당할 수 있는 선에서 헌신하시기를 권합니다.

그 헌신의 결과가 어떠해도 하나님께서는 여러분들의 헌신을 받으실 것이며, 훗날 아주 유용하게 쓰실 것이라 믿어 의심치 않습니다.

앞서 말씀드린 것처럼 저의 방법이 다 옳다고 할 수 없으며 다 맞는다고 할 수 없습니다. 제 방법을 꼭 따라 하는 것이 아닌 여러분들이 계신 자리와 부서, 교회 특성에 맞게 시기와 재정, 시기마다 가르쳐야 할 교육 부분을 적절히 조정하시고 바꿔서 융통성 있게 적용해 보는 것도 좋을 것입니다.

위에서 말씀드린 바와 같이 교회는 90% 만남과 나눔, 식사와 교제로 만들어진다는 말이 있습니다. 이미 시간이 많이 지나긴 했으나 이제 코로나도 거의 끝나가고 위험 없이 안전하게 만남과 교제를 진행할 수 있는 시기입니다. 청년들이 교회 공동체와 각 부서에서의 만남과 이벤트들을 기다리고 있을 겁니다.

지금 이 시기에 만남과 교제를 활성화하여 청년들과 좋은 시간과 추억 많이 만들기 바랍니다. 청년의 시기를 올바르게 가꿔 가며 하나님의 은혜와 사랑 안에서 더욱 건강한 공동체를 만들어 무너지고 사라져가는 다음 세대들이 다시 활성화되기를 기도합니다.

코로나 이후 현장 예배와 성도들 사이의 만남이 회복되고 있으나 아직은 더딥니다. 코로나 기간 서로 만나지 못해 아쉽고 우울한 마음이 생기고 국가적, 정치적, 세계적인 어려움으로 인해 경제와 생활 여러 부분에서 문제가 발생하였습니다.

이 문제들이 지속되던 2023년의 아쉬움과 우울함을 떨쳐내고

2024년에는 하나님의 은혜와 사랑 안에서 서로 하나 되고 희망을 나누며 서로 헌신하고 섬기는 멋지고 단단한 공동체가 되기를, 그 공동체 안에서 훌륭한 구성원이 되기를 그래서 “잘하였도다 착하고 충성된 종아 네가 작은 일에 충성하였으매 내가 많은 것을 네게 맡기리니”(마 25:21)라는 하나님의 칭찬 듣기를 기도하며 이만 물러가겠습니다.

전지적 셀장 시점

청년, 대학생, 다음 세대를 위한 새로운 셀장 시스템

지은이 주현재

발행일 초판 1쇄 발행 2024년 3월 18일
발행인 김도인
펴낸곳 글과길

출판사 등록 제2020-000078호[2020.5.29.]
서울특별시 송파구 삼학사로 19길 5 3층
wordroad29@naver.com
편집 조영래
디자인 안영미
공급처 하늘유통
경기도 파주시 광탄면 분수리 350-3
전화 031—947-7777
팩스 0505-365-0691

ISBN 979-11-984685-7-4 03230
값 15,000원